坂折の棚田（岐阜県恵那市）

伏見（京都市）の酒蔵と運河

白川（宇治市）の茶園

柿ハサ（富山県南砺市）。このように伝統的な干し柿づくりの光景も少なくなった

ダシの食材。昆布、椎茸、煮干（イリコ）、鰹節

有明海・海苔養殖の風景。浅海に立てられた海苔篊（ひび）群

平凡社新書
962

和食の地理学

あの美味を生むのはどんな土地なのか

金田章裕
KINDA AKIHIRO

HEIBONSHA

和食の地理学●目次

はじめに

私は京都に住んでいるので、東京へ行き来するには東海道新幹線に乗ることが多い。かつて六年間ばかり東京が勤務地であったが、そのころは月曜日には京都から東京へと新幹線に乗り、やむを得ない場合を除いて木曜日か金曜日には東京から京都へと移動した。新幹線の車内では、会議の手順やいろいろな構想を漠然と思い浮かべていることが多かったが、通過する場所を車窓から、ただただ眺めていることもしばしばであった。

車窓から見える、それぞれの場所の様相は、当然のことながら同じではなく、どうしてもそれぞれの特徴が出てくるのが面白い。通過する駅近くのビル群などの特徴はよく記憶に残っていて、駅名を見なくてもどこかわかる場合が多い。駅付近などについては誰でもそうであろうが、私の場合は、地理学の研究者という出自もあって、例えば橋梁を渡る時などには、大河川の水の流れや河原の様相などに、どうしても目が向いてしまうことになる。

車窓から見える農地や作物の状況にも、場所ごとに大きな違いがある。京都から出発して滋賀県に入り、琵琶湖の湖東平野を眺めると非常に水田が多い。春の水面に浮かぶように見える稲の苗や、成長して緑一色となった夏の水田、あるいは秋の稲穂の黄金色の稔り、やがて刈り取られた後に、一面に広がる切株と孫生《ひこばえ》など、同じ水田でも季節によって異なった様相が見られる。例えば愛知県の三河西部では、ミカンの緑の葉と、初冬の黄色い実のコントラストの鮮やかさが、とりわけ印象的である。静岡県中央部となると、車窓のすぐ近くに見える丘陵地帯の斜面や谷に、きれいに刈りそろえられた茶の木の畝《うね》が並んでいる様子が目につく。

もちろん、水田の稲作は米をつくるためであり、米は日本の代表的な食糧となるだけでなく酒も醸《かも》される。ミカンは伝統的な果物であり、今も愛好され続けている。茶は日本の代表的な嗜好飲料となり、和食には欠かせないばかりか「茶道」という芸道をも生んでいる。

見方をかえれば、これらのすべてが日々の食にかかわるものだ。例えば新幹線の車内で食べる弁当にも、ご飯があり、果物としてミカンが付き、多くの人が茶を飲みながら箸をとることになる。このような食の背後には、車窓から見えるような水田やミカン畑、あるいは茶畑といった景観があり、それが、食材を供給することはもちろん、伝統的な行事や神事にもかかわっていることが多い。つまり、これらの生産にたずさわる農村だけでなく、広く人々の家庭や社会生活などと密接にかかわっているのである。各地の人々の生活や生業と深く結びつき、それらの歴史や伝統の理解に欠くことができないという意味で、これらの水田やミカン畑・茶畑といった景観は、まぎれもなく「文化的景観」の例、あるいはその一部である。これを、「食材の文化的景観」と表現してもよいであろう。

本書はこのような食材の文化的景観を眺め、そこに注目していただく視点への誘いが目的である。

そのためにまず第一章では、水田農村の文化的景観を取り上げた。水田は和食の中心となる米を生産する。ここでは、近畿地方の平野に多い集村と条里の方格に区画された水田をはじめ、各地の散村と水田、山間の傾斜地の棚田など、さまざまな環境の水田や農村について取り上げた。加えて、種もみの生産と、米を醸す造り酒屋の文化的景観についても紹介を試みた。

続いて第二章でも米、中でも寿司飯を取り上げ、酢や味噌・醤油・砂糖などの調味料、生姜や唐辛子などの香辛料などにも触れた。

第三章では、茶葉の生産・加工と、カツオ節・昆布などの「ダシ」加工にかかわるルートや加工施設の文化的景観に注目した。

また第四章では、ダシとともに和食を特徴づける蕪寿しや鮒寿しなど、いろいろな発酵食品を取り上げた。たくあんや京漬物などの漬物にも発酵を伴うものが多い。

日本の食材のもう一つの特徴はいろいろな乾物であろう。第五章では、干し柿や干しシイタケ、あるいは魚の干物など、加工に乾燥工程の入る食材を取り上げた。

第六章ではミカン・リンゴ・ナシなどの果物の生産と、伝統的に自給的な採取をされていた梅・栗・銀杏《ぎんなん》などの果物・堅果にも触れてみた。

第七章では、いろいろな食材とその加工施設、筍《たけのこ》・玉ねぎ・コンニャク芋・レンコンなどの作物や、ハマチ・牡蠣《かき》・海苔《のり》などの浅海での養殖にかかわる、食材生産の文化的景観を眺めてみた。それぞれが特有の文化的景観をつくっているからである。

果物でもあるブドウを原料とするワイナリーは、近年、日本でも著しく増えた。第八章では国内はもとより、オーストラリア・イタリアなどのブドウ園とワイナリーの文化的景観も取り上げてみることにした。

本書でしばしば触れる「文化的景観」という用語の意味や、他の概念とのかかわりは、やや制度的な説明となるので、本書末尾の第九章で述べた。必要に応じて参照していただければと思う。

日本で生産される食材のすべてを取り上げたわけではないが、代表的なものについて、個人的な体験を加えて紹介してみた。ただし私の体験は、どうしても生まれ育った富山県や、現在に至るまで長年在住している京都に偏る傾向がある。趣味嗜好が偏向していると感じられる方もあるかもしれないが、その点ばかりは、お許しいただければと思う。

本書の目論見である、日常の食材とその生産・加工の文化的景観について、読者が理解を深めていただく端緒となれば幸いである。

一、稲作と農村
——奈良盆地・砺波平野と岐阜の棚田、そして酒蔵

和食と食材

ユネスコの世界遺産にはいろいろな対象がある。そのうちの一つである世界無形文化遺産に、「和食——日本人の伝統的な食文化」が登録されたのは、二〇一三年であった。申請書では、その特徴を次のように説明している。

・多様で新鮮な食材とその持ち味の尊重
・健康的な食生活を支える栄養バランス
・自然の美しさや季節の移ろいの表現
・正月などの年中行事との密接な関わり

この説明では、直接「景観」に言及しているわけではないが、「多様で新鮮な食材」「自然の美しさ」などの、景観を構成する要素に由来する表現や、景観にかかわる表現が含まれている。つまり和食は、「多様で新鮮な食材」の生産や生産地の景観など、人によってつくられ、管理されている要素と必然的に強くかかわっている、との認識が基本にある。

このような人の手による管理や、人による変化（営力）が加えられて成立した景観を、「文化景観」と呼ぶ。「自然の美しさ」や「季節の移ろい」もまた、食材の生産地や、生産地を取り巻く一帯の自然環境の認識であり、これには文化景観だけでなく、人手の加わっていない自然景観も含まれる。季節の移ろいは当然のことながら、食材そのものの栽培や収穫とも深くかかわる。

これらは例えば、農村の生産の場である田畑などの美しさであり、農村近くで日常的に利用される里山をはじめ、農村から遠い山奥であっても、同じく人の手が入った森林や、それらの季節の移ろいである。いずれも人の手が入っている、本来の意味での文化景観である。言い換えると和食は、背景にある文化景観と、強いかかわりがあることになる。

とりあえず、私たちが日常的に食べている食事を和食とすれば、私の場合の朝食は、ご飯に加えて、味噌汁、焼き魚、海苔、漬物などである。魚には海のものもあれば、琵琶湖のものもあり、時に卵焼きに変わる時もある。味噌汁の具や漬物・おひたしの野菜はいろいろである。

このように、食材には、穀物をはじめ野菜・果物や木の実などの多様な農・林産物、あるいは魚や海藻などの漁獲物・海産物、肉や卵・ミルクなど家畜・家禽産品に由来するものをはじめ、味噌・醤油などの調味料や嗜好品など、さまざまなものが含まれる。

農産物はさまざまな農業により栽培・収穫される食材が中心であり、それらの栽培地は、人々が丹精を込めた文化景観として存在する。漁獲物・海産物には、漁で水揚げされる天然の漁獲物のみならず、鱒《ます》や鯉《こい》・鰻《うなぎ》などの淡水における養殖によるものや、海苔や牡蠣・ハマチなど多くの海水養殖によるものなどが含まれている。それらにかかわる施設がやはり文化景観として存在する。家畜・家禽についても同様である。

食材にかかわる文化景観は、文化財としての文化的景観として位置づけることができる場合も多い。文化的景観とは、「文化景観のうち、人々の生活や生業と深く結びつき、それらの歴史や伝統の理解に欠くことができないもの」であるが、それについての説明は末尾の第九章に譲るとし、まず実際の文化的景観を見ていきたい。

さて、「和食」の食材はいろいろな文化的景観と深くかかわっているが、多様な食材の調理法もまた、煮る、焼く、蒸す、揚げる、漬ける、発酵させるなど、非常に多彩である。また食材には、収穫あるいは水揚げないし捕獲されてから、ほぼそのまま調理されるものと、さまざまな加工が加えられて初めて、調理の対象である食材となるものとがある。

保存の目的も含めて調理以前の加工には、例えば、干す（例、たくあん）、晒《さら》す（例、でんぷん）、挽《ひ》く（例、小麦粉）、蒸す（例、茶）、塩漬け（例、塩鮭《しおざけ》）、発酵させる（例、味噌）、燻《いぶ》す（例、カツオ節）、凍らせる（例、高野豆腐）など、いくつもの種類があり、コンニャクのように、食材としては作物の原型をほとんどとどめないものもある。

また、これらの加工には多くの場合、それぞれ特有の施設が使用され、それらも加わって特有の文化的景観となる。後でいくつかの例を紹介するように、干すためだけでもいろいろな施設がある。

これらの「和食」の食材の生産と加工にかかわる、代表的な文化的景観の事例を取り上げて、具体的に説明するのが本書の目的である。

稲作と米

和食の食材の代表を「米」とすることに異論はないと思われる。世界にはいろいろな種類や栽培法の米があるが、日本で使用されてきた米は、歴史時代を通じて基本的に国内で生産され、和食の中心（カロリー源）となってきた。食事をすることそのものを「ご飯を食べる」と表現することにもそれは表れているし、現在では使用頻度は少なくなっているように思われるが、米のご飯をしばしば「主食」と称することがあるのもこれを反映している。ただし、例えば英語の表現には、文字通りのこの意味の単語はない。

一口で歴史時代を通じて、と言っても、その歴史は非常に長く複雑であった。

そこで最初に、農作物として一通りの説明をしておきたい。まず食材としての米をつくる作物が稲である。世界的に見れば稲には、長粒種と短粒種のあることが知られているが、日本の稲は短粒種であるジャポニカ種であり、水田における稲の栽培が、すなわち和食の中心食材となる米を生産することであった。

ところで、英語の牛肉の部位の名称や、日本の魚の成長段階ごとの名称などのように、身近な食材ほど細かく分けて名称がつけられていることが多いが、我々の身近な米もまたそうであった。

まず、稲と米の多様な呼び方を振り返っておきたい。

日本古代の律令制においては、「稲」が租《そ》（土地税）の基本であったが、食材としての米への調整段階に応じていろいろな名称で呼ばれていた。以後の時代もこの呼び方が基本となったので、聞きなれない表現もあるが、次に簡単に説明しておきたい。

税としての出納の基本は、「穎稲《えいとう》」（稲穂のままの状態）ないし「穀《こく》」（脱穀をした籾《もみ》）で、税として収納された地元の国や郡の正倉などにおいて保管された。

＊収納した穎稲や穀は通貨のように扱われて、各種の事業に支出された。また毎年更新するのが基本であったので、春に「出挙《すいこ》」として種籾用に貸し付け、秋の収穫後に、「利稲」（利子の分）を含めて再び収納するのが普通であった。飢饉など、非常時の「賑救《しんきゅう》（救済）」にも穀が支給された。
食材としての米は、穀のもみ殻を取り除く工程（籾すり）を経て米（正確には玄米）となる。

＊通常は玄米のまま食材としたが、玄米をさらに精米（米搗《こめつ》き）して、白米（精米、「舂米《つきよね》」とも）とする場合もあった。

＊玄米や白米は伝統的な主要食糧であり、役人の給与・用務や、さまざまな臨時労

働などの日当としても支給された。都へは、近隣の国々から、あるいは舟運の利用ができる国々から、食料用に精米した「舂米」を輸送した。都では米が食用と流通の基本であった。ただし一般には玄米であり、近世になっても大都市以外では基本的に玄米であった。

さて、稲の栽培は基本的に「田」において行われたが、古代における「田」は、現在の水田からイメージされる稲作地だけではなかった。

古代では、「田」は租の対象地であり、土地利用上は「五穀」の栽培地とされた（『令《りょうの》集解《しゅうげ》』）。米のみならず、粟《あわ》・稗《ひえ》・麦・豆などの雑穀の栽培地が含まれており、その意味で後の「畠（現在では「畑」の文字を使用、租の対象外）」を含む、土地利用上の耕地全般を指したことになる。史料的には「白田、白」とも記された。

このような田を、戸籍に従って人々に班給（割り当て）するために、班田収授の制度が施行された。また貴族や官吏（役職者）などに対しては、「位田《いでん》（位階に応じた給付）」や「職田《しきでん》（役職に応じた給付）」等として給されるのも田であった。

なおこれに対して、野菜や桑《くわ》などの栽培地は「薗地《えんち》」とされ、基本的に私有地であった。

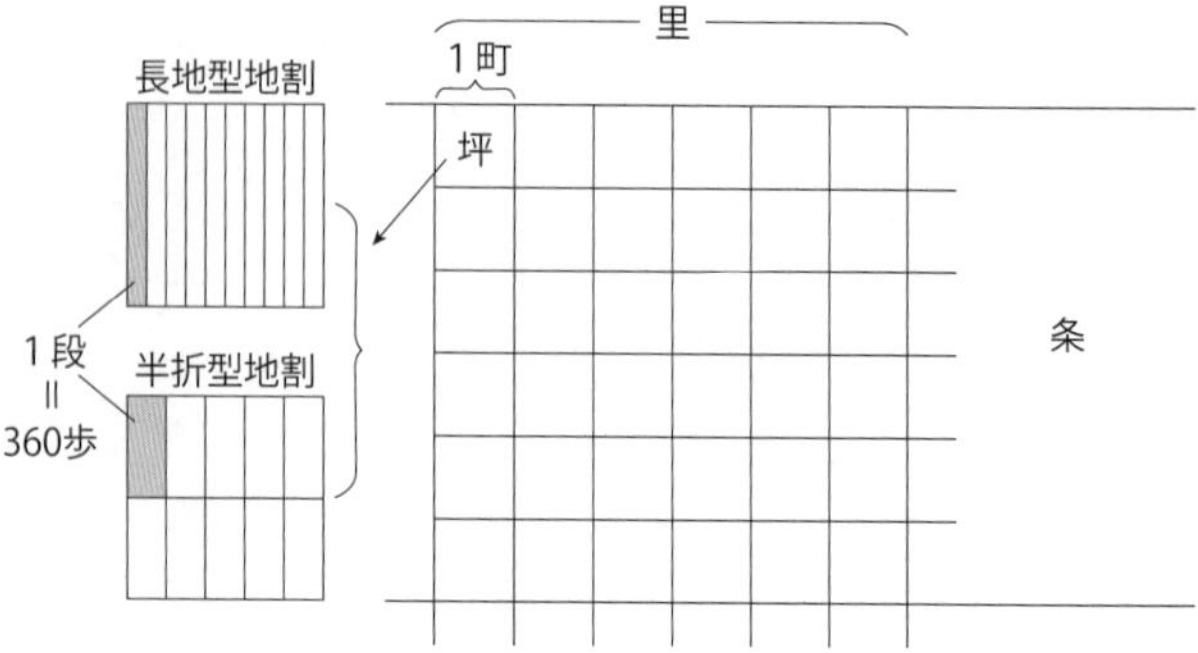

図1－1　条里プランの典型（坪は平安時代、奈良時代は坊）

ただし、桑や漆《うるし》などの栽培が推奨され、「調《ちょう》（特産品としての人頭税）」の対象となった。

現代においては、経済と社会の基本となっているのは通貨であるが、それに相当する機能を米が果たしたのである。

その基盤として古代国家が管理に意を注いだのはまず田であり、そのための土地計画である「条里プラン」が広く展開された。条里プランとは、「条里地割」と「条里呼称」の両者を意味する用語であるが、これについて概要を述べておきたい。

図1―1のように、一辺一町（一〇九メートル）の正方形（面積一町《当時の三六〇〇歩＝一・二ヘクタール》）の「坊」（平安時代以後は「坪」）の区画を基本とし、「〇条（里の列）〇里（一辺六町の正方形）〇（坊）」

写真１－１　条里地割の水田（京都府）

と地図に標記したり、文書に記録したりした。それによって、班給された人物ないし墾田（開墾した田）所有者や、それぞれの田の所在地を明示したものである。

このような条里プランが古代・中世と長期にわたって使用された結果、一町方格の碁盤目状の条里地割に画された水田が、日本各地の平野に広く展開することとなった。また条里呼称の条・里・坪も、各地に一部が地名として残った。とりわけ近畿地方の平野部をはじめ古代以来の経済先進地域では、この条里地割が、平野の農村景観をつくる基本的な要素となった（写真１―１参照）。

このような耕地で生産される米が、古代以

来の歴史を通じて重要な食材であり、同時に政治・経済の基本であり続けた。しかも近世・近代には、むしろその重要性が増大したとみられる。実際の例を取り上げたい。

条里地割の水田と集村

条里地割の形となった水田を伴った農村の多くは、農家が密集して集まっている（集村）。このような集村となった農村の周囲には、その村の農家の耕地がひろがっているのが普通である。個々の農家の経営耕地は、その領域内に入り組んで分布していることが多い。一般に集村の農家の連帯は非常に強く、例えば近世の畿内・近畿の村々では、村単位で灌漑用水のコントロールや栽培作物の規制を行ったことが知られている。

奈良盆地では、集村の周囲を濠で取り囲んだ環濠《かんごう》集落と呼ばれる村落も多かった。

図1―2は、農村と条里地割の水田地帯が残る一画の地形図（二五〇〇〇分の一）である。工場や新しい住宅地を除けば、伝統的な集落と水田が見られ、日本各地の多くの場合のように、圃場《ほじょう》整備による大区画（三〇アール以上）への変更が行われていない。例えば図1―2中央部における、広大寺池と菩提仙川の間などには、直線状の道や境界線が見られる。しかも、これらの直線状の道や境界・河川などは、一〇九メートル（一町）程度の間

隔か、その倍数の間隔となっている場合が多い。つまり、先に述べた条里プランを長期にわたって実施した結果、一辺一町の方格網が地割として定着した、条里地割の遺構である。

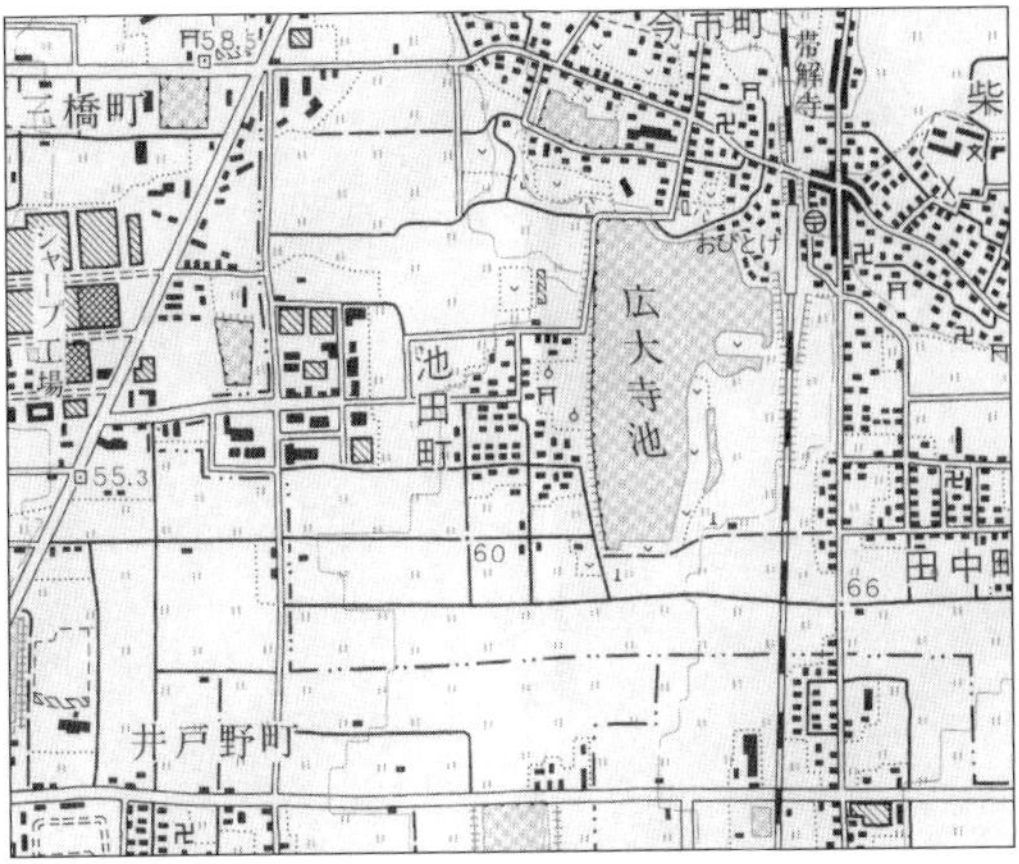

図1－2　奈良市池田町付近（2万5千分の1地形図「大和郡山」）

一方、これらの水田を経営する農家は、ひと塊となって集村を形成している。図1―2の地域は、奈良市・大和郡山市・天理市の各中心市街の中間にあって、比較的よく水田地帯が残っている。加えて工場や新しい住宅地の展開があって、伝統的な景観と混在している。

写真1―2は奈良市街南方の奈良市池田の集落（図1―2の中央の位置）である。農家が集中した典型的な集村の一つであり、広大寺池と称する溜池の西側に築造された堤防から見て、その西側の堤下に存在している。

集落の周辺には東西・南北方向に道や畦《あぜ》が

写真1－2　広大寺池から見た池田付近

展開している。この方格状の道が、すでに述べたように条里プランの名残であり、水田区画が条里地割に規制された状況である。これ（写真1―2）は冬の様子であり、稲は刈り取りの後であるが、条里地割の跡をとどめる直線の道や畦畔がかえって明瞭に見える。

池田はかつて興福寺一乗院領の池田荘であったことから、荘園関係の資料が多く、かつての集落と農地の状況を知ることができる。延久二年（一〇七〇）には、池田荘の田畑（畠）は東西一キロメートル弱、南北一・三キロメートルほどの範囲（東西一里半、南北二里）に広がっていた。おそらく農民はその中に散在して住んでいたとみられる。当時は、南北五〇〇メートルほどの現在の広大寺池の底にあたる、池の中央付近にも田畑が存在していた。この時点では広大寺池が存在しなかったか、または前身となる溜池が存在したとしても、もっと規模の小さな池であった可能性が高い。

一〇〇年余り後の文治二年(一一八六)には、東西約二三〇メートル、南北約二〇〇メートルの範囲(東西二坪強、南北二坪弱)に一二ヵ所の名屋敷(有力農民の屋敷)と堂や蔵の敷地が存在した。この段階では、農家が集まった状況ではあるが、それらが田畑を介して分布する、疎塊村と呼ばれる状況であった。現在の広大寺池の位置にも、「細井池」として現在の形状に近い溜池が出現していたとみられる。

現在の写真にみられる池田の集落は、文治二年の疎塊村の中央の約一〇九メートル四方とその周辺を中心とした部分に、さらに多くの農家が密集した集村である。

このような変遷が知られるのは、田畑や屋敷の所在が条里呼称によって史料に記載されているためである。かつての条里プランを復原すれば具体的な地点を特定できるので、このような推定が可能となる。また実際に、現在みられる集落や耕地も、条里プランに規制された方格状の土地区画の上で展開している。

このように条里プランに規制されつつ村落が展開し、集落周辺の耕地を耕作していたのであり、主作物は稲であった。つまりこれを、集村と水田の文化的景観と表現することができよう。

散村の水田と農家

農家が密集した集村とは対極的な村落の形態に、散村がある。地形条件や歴史的な経過も加わって、この両者の中間的な集中状況や分散の形となった村も多い。例えば富山県砺《と》波《なみ》平野の農村の場合（写真1―3）、個々の農家が分散して存在し、それぞれの農家の周囲に経営耕地を集中した散村が、伝統的な基本形である。先に述べた集村では農家が集中している一方で、各農家の耕地が村内に分散していたのに比べ、散村では農家そのものが分散して存在し、各農家の周辺にそれぞれの経営耕地が集まっているという違いがある。

砺波平野では、古代でも農家は集中しておらず、開拓されて人々が生活していた場所は限られていた。ところが近世末ころまでに、大河川（庄川とその旧河道）の治水事業も行われて開拓が進み、平野全体に散村が広範に展開した。それぞれの農家は、周囲の水田を耕作するとともに、住居の周囲に屋敷林を所有してきた。屋敷林は、季節風の防風、保温、保冷に役立つとともに、そこから建築用木材、燃料、さらに梅・柿・栗などの果実を得て

写真1－3　砺波平野の農家と水田

いた。

つまり個々の農家は、住居周辺の水田において稲作を行うとともに、自給性が高く、農家とその周辺でほぼ完結した生活を確立していたことになる。

このように散村地帯は自給性が高い一方で、米などの農産品の出荷先、自給できない衣服・食器・調度品・農具等を求める購買地として小都市が存在した。これらは徒歩交通の一日往復圏にあり、結果的に散村地域では、四～六キロ間隔の小都市群ネットワークが形成された。

この構造は、徒歩交通と、手作業を軸とする就業に伴うものであった。もともと一筆一筆の水田は不規則な形状で小さなものであり、田から田へと用水がもたらされる田越し灌漑が普通であった。

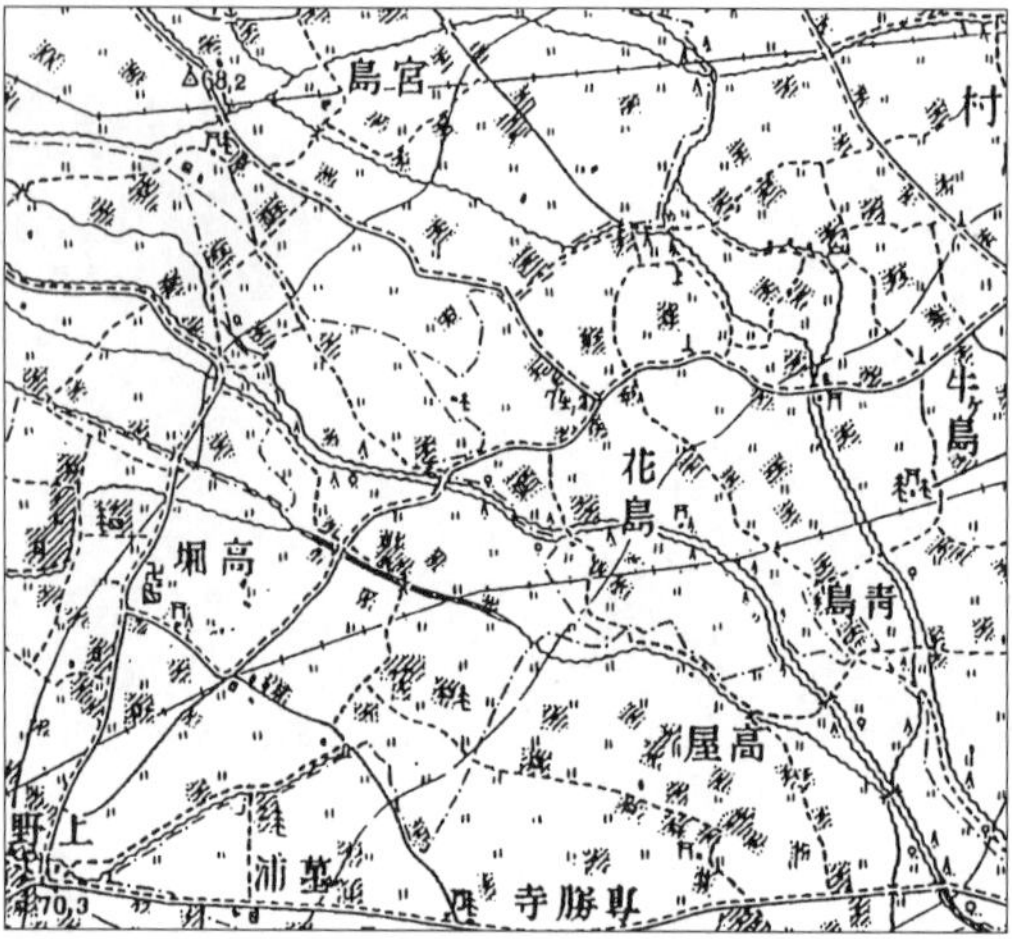

図1－3　正式2万分の1「出町」（1909年）

水路があったとしても、同じ水路の上流側から水を入れ、同じ水路へと流すもので、用排水が同一の水流で行われていたのである。この状況では、村全体で一斉に同じような農業経営をせざるを得なかった。

　この段階では図1―3のように、主要道を除けば、徒歩でしかたどることのできない細い道が普通であった。例えば現代の車社会が到来する以前、馬車が重宝された一時期があった。散村地帯でも馬車運送を営む農家があったが、農家の屋敷へは、馬が引く車両（馬車）が入らない場合が多かった。その折、車両を主要道沿いの小屋に残し、馬だけを引いて馬小屋のある農家の屋敷へと戻る例が少なくなかった。

この状況が少し変わり始めたのは、小規模な耕地整理が始まり、また小型の耕運機や自動車などが普及し始めてからであった。しかしながら散村地域での生活は、点在する小都市での生活とは、利便性の面でも情報の面でも大きな格差が存在した。

個人的な記憶で恐縮であるが、私はこの地域の散村で生まれ育った。時折連れて行ってもらった高岡や金沢という都市があったし、近くには福野や福光という小さな町もあったが、当時、農村とは砺波平野のような散村であり、家々が集まっているのは都市あるいは町だけだと思って育った。

これが大きな間違いであったと判明したのは、京都大学に入学してからであった。見学に出かけた奈良盆地のいくつもの集村を見たからであった。先に紹介した池田集落の集村ができていく過程は、修士論文の一部で書いたことなのだが、先に述べたような村落形態の地域差への驚きがきっかけであったと言えないこともない。

伝統的な散村の状況の大きな転換点は、圃場整備事業の展開とともに到来したと言ってよい。一九六〇年代後半から七〇年代にかけて進行した圃場整備事業によって、農道の整備、水田区画の三〇アール以上への大型化、用排水路の分離と造設などが実施され、道路体系が大きく変わった（図1―4）。このようなインフラストラクチュアの整備によって

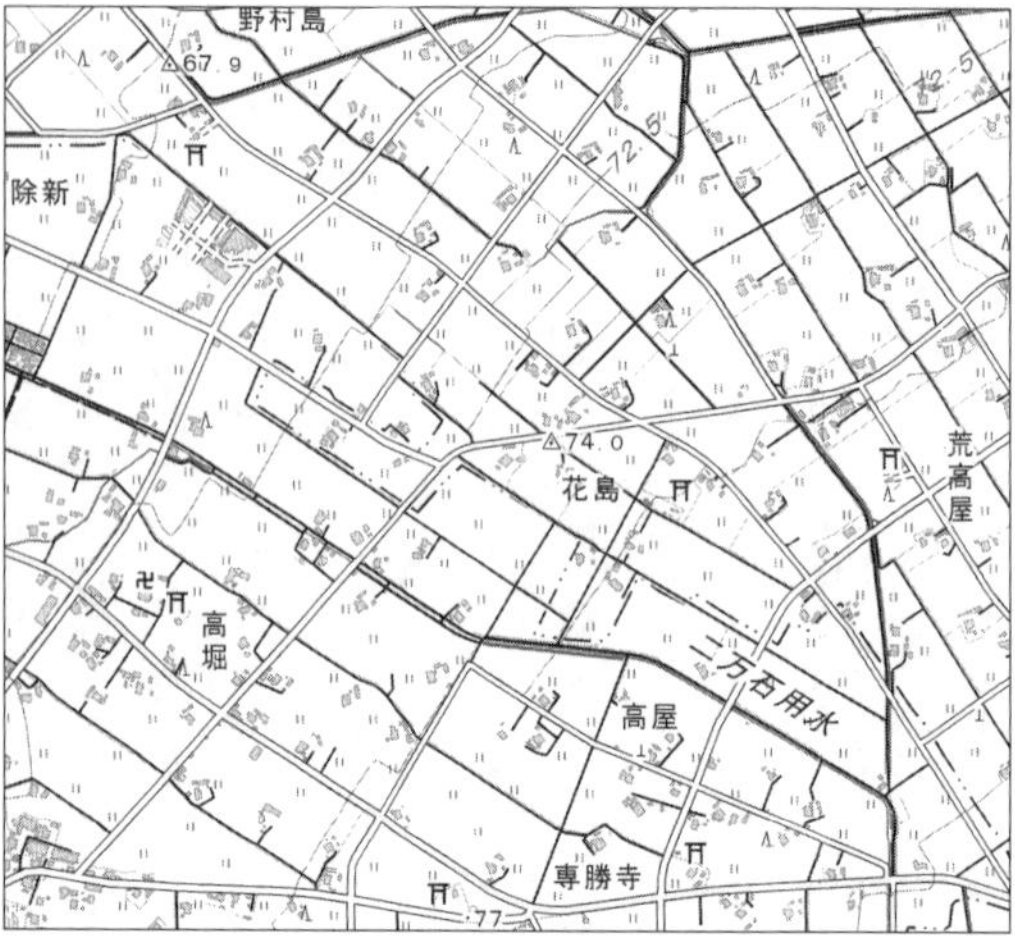

図1－4　2万5千分の1地形図「砺波」

農業の本格的な機械化が可能となり、同時に、自家用車の普及が本格化した。

この時期、進行した日本経済の工業化が進行する中で、散村地域へも工場が進出し、圃場整備や機械化によって生じた余剰労働力は工場へと向かい、急速に兼業農家が増大した。

農業機械・自家用車とともにテレビ・電話などの普及により、散村地域での生活の利便性は高まった。一方で、中心小都市に存在した市役所・町役場などの市街縁辺への転出、工場・スーパーマーケットなど各種施設の散村地域への展開もあって、散村地域と小都市群市街における利便性の格差も縮まった。

自家用車の駐車スペースに事欠かない散村の農家は、この点ではむしろ小都市の市街地より有利な条件となり、また、駐車スペースを確保した新興住宅地の散村地域への展開という動向すら生じた。

生活の利便性が高まり、通勤兼業が増えた散村の農家では、生活の場と就業の場として完結性の高い伝統的な構造から、就業の場としての機能よりも、散在した生活の場としての意味合いが高まることとなった。現在でも水田稲作が依然として最も多いが、近年は球根類・豆類などの転作作物の栽培が増大している。これが、散村の農家と水田の文化的景観の実態であり、変化の著しい文化的景観でもある。

稲種センター

砺波平野の南部、庄川の谷口から数キロのところに、稲種《とうしゅ》センター（となみ野農協）という施設がある。富山県内にある、五つの種子場《たねば》で最大であり、ここでつくられた約五〇品種もの「種もみ」が四三都府県に提供されているという。

稲の栽培は、まず種もみを水につけて発芽準備をし、それを苗代《なわしろ》に蒔いて苗を育てる。苗代の管理には毎日細心の注意が必要なので、自宅に近く、管理しやすい水田が選ばれる。現在ではビニールハウスで管理するか、農協などの育苗施設に依頼する。

苗が二〇センチほどに育ったら水田に運び、田植えをして稲を育てるのである。かつては、苗を一握りほどの束にして運び、人の手で田に植えた。この時期のさまざまな民具が、重要有形民俗文化財「砺波の生活・生産用具（六九〇〇点）」として指定され、未指定のものと合わせて計八五〇〇点が砺波市の砺波民具展示室に展示されている。

現在では、苗はほとんど箱を使った苗床で育てられる。移動に便利なこの苗箱ごとトラックで運び、水田ではトラクターに付された田植え機にそのまま積んで、機械植えをするのである。

この過程で重要なのは、種もみの発芽率と品種が揃っているかどうかである。発芽率が高いほどよいのは当然であろうが、品種が揃っていること、つまりほかの品種と混じっていないことは、稲の生育と米の品質において重要である。

稲種センターでは、種もみをつくるための種もみを厳重に管理し、販売計画に従って契約農家に栽培を委託する。契約農家での栽培手順は食べる米の栽培と変わらないが、普通の三倍以上の手間が必要だという。例えば農家は毎日、早朝や夕刻に水田に入り、異質な稲を抜き取って品種の純粋さを維持する。こうして契約農家の種もみ生産は、高い発芽率と純粋な品種を維持すべく、細心の注意を払って行われるのである。

このセンターの近くには、一坪（約三・三平方メートル）にも満たない区画が並んでおり、それぞれの区画ごとに、背の高い稲や生育度の違う稲が育てられていた。それぞれ違う品種の稲であった。花粉が混じって自然に交配が起こらないのかと質問したが、まずその心配はないという。品種ごとに稲の開花期が違うのが最大の理由であった。万一開花期の近いのがあれば、それを相互に近づけることはない。

この一帯は、庄川谷口から吹き降ろす風（庄川颪《おろし》）が稲の生育に好影響をもたらし、露を払って病虫害を防ぐとされる。種田《たねだ》という地区（砺波市）は江戸時代から優良な種もみ生産地であり、旧村名の由来でもあるという。かつて、「富山の薬売り」という全国への薬の家庭配置販売の商人が、種もみも扱ったと伝えられる。「稲種受払帳」なるものも残っている例がある。

種もみの重要性は当然である。このような全国市場を対象としたものではなくても、各地において、何らかの形での品種の維持や改良が行われてきたことは間違いない。開拓当初の北海道では稲作ができず、畑作が中心であったが、今では北海道が日本有数の米生産地であることが、雄弁にこのことを語っている。ちなみに北海道にも散村が多いが、成立の時期や契機は異なる。

ここに紹介した集村や散村をなす水田農村において、広く稲作が行われ、米が生産されてきたのである。

棚田の文化的景観

ここまでに述べてきたのは、主に平野の平坦地やなだらかな傾斜地に展開する水田景観である。

しかし、水田を中心とした景観は平野だけでなく、歴史を下るほど広がって、近世には日本各地の山麓の急傾斜地にも階段状の棚田が広く形成された。

例えば、かつて調査をした美濃国恵那郡中野方《なかのほう》村（岐阜県恵那市中野方町）は、明治五年（一八七二）の明細帳にも「当村山方《やまかた》にござ候」と記される、木曽川北岸の典型的な山村であった。

一八世紀中ごろに二二〇戸一二三七人、田三六九石、畑一八五石であったが、百年余り後の明治五年には二四七戸一二九八人となり、田が四七四石へと増大して、畑が七四石へと減少し、ほかに新田三八石があった。人口は停滞しているのに、戸数と田の面積は増加していたのである。田の増加は主として畑の「田直し（水田化）」によるものであり、その結果、田が三〇パーセントほど増加し、畑が四〇パーセントに減少した。

坂折地区は、中野方川の支流である坂折川流域であり、平均傾斜七分の一ほどの急斜面の棚田地帯である。口絵1ページの撮影時点である平成二〇年（二〇〇八）ころに耕作されていた水田は、合計四六八枚、総面積約一四ヘクタール、水田一枚平均三〇〇平方メートル弱であった。明治時代の初めごろには、平均約六九平方メートルという部分もあった。

坂折の棚田はもともと、谷側（低い方）の部分に石を積んで、小さな水田の平坦面を壇状につくったものであった。棚田整備事業では、水田面積を広くすることによって、段差も高くなり、石垣でなく土羽（土の段差部分）で築かれた水田となった。

このように棚田は、地形に制約されるため、一枚の田は小さく、かつ不規則な形状であるのが一般的であり、時期を遡るとさらに小さかったことが知られる。

棚田はすでに、いくつもの地域が国の重要文化的景観に選定されている。平成三〇年二月には次の八件の棚田（選定名称に「棚田」を含む）が含まれている。

「姨捨《おばすて》の棚田（長野県千曲市）」
「奥出雲たたら製鉄及び棚田の文化的景観（島根県仁多郡奥出雲町）」

「樫原《かしはら》の棚田及び農村景観（徳島県勝浦郡上勝町）」
「奥内の棚田及び農山村景観（愛媛県北宇和郡松野町）」
「四万十《しまんと》川流域の文化的景観——上流域の山村と棚田（高知県高岡郡梼原町）」
「蕨野《わらびの》の棚田（佐賀県唐津市）」
「通潤《つうじゅん》用水と白糸台地の棚田景観（熊本県上益城郡山都町）」
「酒谷の坂元棚田及び農山村景観（宮崎県日南市）」

棚田は、文化的景観ないし農村景観とともに選定名称を構成しており、重要文化的景観の内容は、これらの名称からおおよそ推定することができる。

この内「奥出雲たたら製鉄及び棚田の文化的景観」については少し説明を要するであろう。「たたら製鉄」はよく知られているように、砂鉄を原料とした製鉄法で、中国山地は優良な鉄の主産地であった。奥出雲一帯ではそのためにまず、砂鉄を含む真砂土の山を崩して、それを川ないし用水路に流した。水流で選別して、比重の重い砂鉄を抽出したのである。

この作業の結果、山が崩されて姿を消したり、低い丘となったりした。それらの跡地には、やがて棚田が造成された。砂鉄採取の川や用水路が水源となって、棚田の耕作が可能であったのである。このような過程があったことから、たたら製鉄と棚田がセットになって重要文化的景観として選定されたものであった。

一方で有明海や児島湾などのように、遠浅の沿岸付近においては、干拓地を形成して土地を造成し、水田を増やした例も多かった。これらの干拓地は、棚田地帯とは異なって平坦であったが、棚田の造成と同様に、米の需要増を背景としたものであった。近世には、米・稲を基軸とする経済構造はさらに強まったのである。

このように形状は多様であるが、水田は農地の代表的な土地利用として日本各地に広く展開し、和食の基盤となった。この意味で、水田は和食に伴う典型的な文化景観である。代表的な水田地帯や典型的な農村地域の水田は、文化財として日本の生活や歴史を知ることができる、文化的景観としても重要であるといえよう。つまり日本における水田景観は、それ自体「文化景観」であり、伝統的な食事としての和食に伴う文化財としての「文化的景観」でもある。

日本では、多くの農村が水田稲作を中心としてきた。地域の水利・地形条件などの自然環境や、農村の成立時の歴史的状況などによって、村落の形状もまた水田の在り方とともにに多様である。

米は基本的にご飯として食べられるが、さらに寿司（鮨）にされたり、発酵させて、酒や酢になったりする。まず酒から見ていきたい。

米と酒蔵

米といえば、まずは日本酒であろう。日本酒は米から醸される。日本酒の起源は古く、そのことにはほかの発酵食品とともに、改めて次章以下で触れることにしたいが、まず現代の酒である。

酒の醸造元は、「造り酒屋」とか「酒蔵」と呼ばれることが多い。かつては小さな町にもたいてい造り酒屋があり、時には村にもみられることがあった。造り酒屋もまた、稲作と米にかかわる景観であり、当然のことながら和食にかかわる景観でもある。

酒蔵がとりわけ多く集積しているのが灘と伏見であることは、多くの人にとって周知のところであろう。江戸時代にはすでに、灘とも、灘五郷（西郷・御影郷・魚崎郷・西宮郷・今津郷。現在の兵庫県西宮市、芦屋市、神戸市東灘区・灘区）とも称された。灘や伏見（京都市伏見区）には酒蔵が集積し、大坂はもちろん江戸へも出荷する大産地であった。現在ではいわゆる「地酒」ブームもあって、各地の酒がそれぞれ、いろいろな人々に嗜好されているが、各地の酒を地酒と呼ぶことが多いのは、灘・伏見の酒以外、という意味合いによる。

さて、日本酒の醸造には、米（麹《こうじ》を含む）と、大量の、しかも良質の水を必要とする。酒米《さかまい》と称される酒造用の米としては、山田錦という品種が最も多く使用されている。通常の食用の稲（粳《うるち》米や糯《もち》米）よりは稲の背丈の高い品種であり、強風や大雨で倒伏しやすいので栽培に技術を要するという。

さらに酒造は、杜氏《とうじ》と称する醸造の専門家が担うことが特徴だ。通常は、一一月になると「蔵入り」と称して酒蔵に集まり、杜氏の指揮のもとに、多くの蔵人《くらびと》が酒蔵に泊まり込んで、翌年三月まで醸造に従事する。杜氏は、その年の酒造米の出来具合や、その醸造シーズンの気温・湿度などに対応しながら、その過程を管理した。

多くの蔵人は農家の者であり、酒造は農閑期の出稼ぎであった。杜氏にはいくつもの集団があったが、灘五郷には丹波杜氏（兵庫県丹波篠山市一帯）が、伏見には丹後杜氏（京都府北部）が多くかかわったという。

水で有名なのが、西宮神社の東南から湧出する「宮水《みやみず》」であり、灘の酒造りを支えてきた。灘の酒は、江戸時代すでに、樽廻船などで江戸へ回漕され、「下《くだ》り酒」として人気を博してきた。西宮から神戸にかけてという沿岸の酒産地は、水運に適し、好適な立地条件となった。酒という重量物の輸送、とりわけ長距離の輸送には、当時は水運が不可欠であった。鎌倉時代末ないし室町時代には酒造業が始まっていたというが、現在の灘五郷酒造組合には二六社が名を連ね、最古の剣菱（一五〇五年以前創業）をはじめ、一七社が江戸時代の創業である。多くの兵庫県外の酒造会社の工場も進出している。

阪神・淡路大震災（一九九五年）によって、白壁土蔵造り、あるいは赤煉瓦の酒蔵などが数多く被害を受けた。また一部に廃業などもみられたが、現在も基本的な機能は変わりがない。

伏見もまた灘とともに江戸時代から酒蔵が多かった。伏見は桃山丘陵をくぐった豊かな伏流水が湧き、酒造りに好適とされてきた。今でも旧市街中心部に近い御香宮《ごこうぐう》に湧水があり、名水であるという。伏見もまた、水運に有利な立地条件であった。宇治川の中書島の港は、三〇石船などで淀川水運を通じて大坂へ、また高瀬川を通じて水運でも京と結びついていた。口絵2ページ上のように、現在でも運河沿いに立地する伝統的な酒蔵の建物を見ることができる。伏見には二二社（伏見酒造組合）の酒蔵があるが、最古の月桂冠（一六三七年創業）を始め、一二社が江戸時代創業である。上記口絵のように旧市街にそのまま立地している酒蔵もあるが、現在では輸送に水運を使用しないので、新しい酒蔵の施設の多くが、十分な敷地が確保でき、しかも道路条件の良い、伏見旧市街西方の場所へと移動している場合が多い。

広島県の西条（東広島市）もまた、酒蔵の集積度が非常に高い町である。JR西条駅前のビルからでも、写真1―4のようにいくつもの酒蔵の煙突と白壁の建物が見える。この写真では色を判別できないが、屋根瓦の色も赤（石州瓦）と空色で大変目立つ。駅から左への酒蔵通りと名付けられた道路付近だけでも七社がある。写真1―5のように、そのうちの一つの酒蔵（亀齢）には、道路わきに泉があるが、この酒蔵にはほかにもいくつもの井戸があるという。

ただし西条は、かつて西国街道の宿場町（四日市）ではあったが、内陸なので近世における重い酒樽の輸送には恵まれていなかった。従って、西条の酒蔵はいずれも明治維新後の創業であり、写真1―5もその一つである。特に、明治二七年（一八九四）の山陽鉄道（JR山陽本線）西条駅の開業が大きな契機となり、酒樽の遠距離輸送の可能性を開いた。駅近くのいくつもの酒蔵もこの立地条件にかかわるのであろう。

写真１－４　西条の酒蔵群

写真１－５　酒蔵の前の井戸（西条）

二、寿司飯と調味料
――和食のさまざまな味と産地

酢とビネガー

いきなり個人的な思い出で恐縮だが、私が小学生だったころ遠足や見学などに出かける日、いつもの弁当でなく、母はよく海苔巻をつくってくれた。かんぴょう・ほうれん草・だし巻・紅生姜などを入れて、海苔で巻き込んだ定番（?）の海苔巻であった。時々はかんぴょうがなかったり、だし巻がなかったりしたが、朝、母が忙し過ぎたり、買い置きがなくなっていたりしたものであろう。それでも子供のころには大変おいしかった。その所為《せい》か、母が亡くなって自分が熟年になっても、私は海苔巻が好みであった。

さて、これもすでに三〇年以上前の思い出であるが、ケンブリッジ大学で文献収集をしたり、論文を書いたりしていたことがあった。その年のクリスマスのころ、お世話になった方々を招待して、借りていた自宅で日本食パーティをやろうと思い立った。

海苔巻だけでは物足りないと思い、にぎりやサバ寿しもつくろうと思った。というのも、ケンブリッジのギルドホール（市役所）前の広場には、週末を除いて毎日市が立ち、さまざまな食材・日用品などが売られていて、そこには、漁港の町ロウエストフトからやってくる魚屋が、よい魚を並べているのを知っていたからである。

私はすでに足しげくその店に通い、上客（よく魚を買う客）であったので、パーティの日時と魚の種類（その朝、仕入れができない場合の代替の魚も指示）を伝えて、当日に向けて準備を始めた。イカ（イカ墨でコテコテの黒い塊で売られていたが、洗えば新鮮で透き通ったイカが現れる）や、食べごろの大きさのヒラメ、また、大きなスズキ（シー・バス）やクロダイ（ブリーム）、小ぶりのサバ（北海産、すでに焼き魚は何回も賞味済み）なども注文した。サバは地元のスーパーマーケットでも売られていたが、ほとんどの場合、たっぷりと香料をまぶした干物（一夜干し風）であった。

海苔巻はすでに家内が熟練しているので任せるとして、私はまず材料調達役にまわった。海苔とかんぴょう、チューブ入りワサビは日本から持参。米・生姜・醤油は、ケンブリッジでも難なく入手できた。

問題は寿司飯をつくるための酢であった。ケンブリッジではどうしても米酢が見つからず、ワイン・ビネガー（酢）を買ってみた。しかしこれでは到底、こちらが期待する寿司飯の味とはならず、また塩をしたサバをビネガーに浸しても、どうもサバ寿し向きのシメサバにはならなかった。ビネガーの使用法を知らなかったこともあるだろうが、私の能力では米酢を入手する方が早道であった。

そこで仕方なく、当時ロンドンに進出していたヤオハン（日本資本のスーパーマーケット）まで、一日がかりで出かけた。そこでようやく米酢を手に入れ、ついでに、やはりケンブリッジでは見かけなかった大葉（青紫蘇）も買いこんだ。

事前の調達・準備にこのように時間を費やし、ようやく準備ができた。さらに当日の昼前、市場で鮮魚を受け取り、午後すぐに最後の仕込みを始めた。米と魚はもともと悪くないので、ようやく合格点の出来上がりとなった。

夕方からのパーティでは、我々夫婦を入れて一〇人余で、にぎり七〇～八〇貫、サバ寿し二本（小さめのサバ四尾分）、海苔巻二本が、ワインとともに全員の胃に収まった。

よく知られているにぎり寿しや海苔巻はともかく、ケンブリッジで好まれているらしい香料まみれのサバでなく、米酢のサバ寿しが完食となったのには、つくった私の方がとりわけ驚いた。また酢の重要性についても、改めて実感することとなった。

酢と酒

ヨーロッパのみならず日本でも、酢は古くから和食・儀式に使用されてきた。古代律令国家には造酒司《みきのつかさ》が設置され、臼・杵・箕《み》・槽《さかぶね》などの「造酒雑器」を用いて酒・酢などを醸造した（『延喜式「宮内省・造酒司」』）。

『延喜式』によれば、酒八斗分の材料が「米一石、蘖《ヨネノモヤシ》四斗、水九斗」、また酢一斗に「米六斗九升、蘖四斗、水一石二斗」と、いずれも米、蘖（米芽、発芽玄米か）と水でつくっている。「麹」の語が同書に別に見えることと、現在でも麦芽がビール醸造に用いられていることからすれば、醸造に米芽が用いられたものを指すのであろう。

さらに、酒は一〇月から、酢は六月から醸造を開始して、祭神に捧げるとともに大嘗・新嘗などの祭祀に供え、さらに規定によって朝廷の各所に酒・酢を届けることも記している。

『延喜式』は一〇世紀初め編纂の法律施行細則であるが、造酒司は遅くとも八世紀には存在していたとされる。同書の規定を、酒も併せて紹介すると、次のようである。

例えば鎮魂祭《たましずめのまつり》に参加した参議以上は、「雑給料」として、さまざまな物品とともに、一人当たり「瓫酒《アヘ》一合、酢四勺」といった量を給された。瓫酒の種類は不明であるが、造酒司の項には単なる「酒」の記載のほかに、「醴瓫・醠瓫・清酒・濁酒・白黒二酒」などがみえるので、単なる澄み酒でも濁酒でもなかったのであろう。

別に「醴酒（甘酒か）」について、米四升、糵二升、酒三升を合わせて醸造し、醴九升となると記載している。アルコール度数は不明であるが、甘みの強い酒であろうか。また、醴瓫は「白米（臼米、精米した米）」を粉にして「麹」とし、醠瓫は「黒米（玄米）」を粉にして「麹」とするとある。麹でつくった和え物風の飲物あるいは食物であろうか。

この記載からすれば、すでに麹が醸造に使用されていたことも確かであろう。いずれにしても酒が酢とともに、「雑給」として支給されたことが知られる。

造酒司はこのように、酒とともに酢の醸造を担当したのである。平城宮からは醸造にかかわると推定されている石造の施設が、平安宮からは造酒司の倉庫跡が検出されている。近世以後の酒蔵についてはすでに述べたので、ここでは酢についてもう少しみていきたい。

京だけではなく、地方でも酢が用いられた。神護景雲元年（七六七）の太政官符では、諸国の国分寺・国分尼寺の僧尼に、従来の「米塩」だけに加えて「醤酢《ヒシオス》・雑菜」を「供養」する（供える）ことを定めていた。「醤」は味噌・醤油の原形、「酢」は醸造酢であろう。この官符では、「寺田稲」をそれに充てるとしている（『類聚三代格』）。

なお、「醤」のほか「未醤・滓醤・麁醤・味醤・麁味醤」などの名称が見える（『延喜式「大膳　下」』）。醤には、製造工程のいろいろな段階のもの、ないし種類があったことが知られる。

相互の文字の違いしか根拠はないが、強いて解釈を試みると、次のようになるかもしれない。未醤《みしょう》は発酵度が低い段階、滓醤《さいしょう》は槽の底の滓《おり》の部分、麁醤《あらしょう》は上澄みと滓を分けない段階であろうか。「未醤漬、味醤漬」という表現も見えるので、未醤・味醤は漬物にも利用したとみられる。味醤・麁味醤は何がしかほかの味がついたものであろうか。

造酒司の記述から知られるように、酢はもともと、酒と同じように米から醸造される。酢は醸造によることもあり、醸造店は一見造り酒屋のようにも見える（写真2―1参照）。近世には、大阪湾北岸の灘一帯が宮水と輸送条件に恵まれ、酒蔵の集積地であったことはすでに述べた。そのころ、大坂を挟んで灘の反対側になる和泉国堺（大阪府堺市）が、米酢の大きな産地であった。やはり輸送に便利だったからであろう。

米酢はしかし、酒と同じように高価であった。そこでやがて、酒を絞った後の粕から酢

写真２－１　酢の醸造店（京都市）

を醸造する方法が開発された。紀伊国粉河《こかわ》（和歌山県粉河町）がその産地となり、粕酢と呼ばれ、安価な酢として普及した。

食における酢の用途は広い。そのまま飲料とする場合から、いろいろな酢のものや酢漬けもある。さらに、すでに述べたように寿司飯にも不可欠である。酢は砂糖や醬油などと合わせる場合もあり、二杯酢・三杯酢などとも呼ばれる。

味噌

醬《ヒシオ》が味噌・醬油の原形であろうことはすでに述べた。その種類についても、先に『延喜式』の表現を紹介したように、古代においてすでに多様であった。味噌は調味料としてさまざまに使われるだけでなく、味噌にほかの味を加えて食材とし、味噌そのものを食べる場合もある。

現在の味噌は、材料から米味噌、麦味噌、豆味噌に分けられ、また色（と味）から白味噌、赤味噌が区別されている。ほかに田舎味噌と総称される多様な味噌もある。

米味噌は米麹と大豆・食塩を発酵・熟成させたもので、日本中で広くつくられる代表的な味噌である。

麦味噌は麦麹と大豆・食塩を発酵・熟成させたもので、田舎味噌と称される場合もある。麦味噌には、九州や中国地方でつくられるものが多く、黄白色から赤褐色までの多様な色が特徴であり、甘口・辛口など味も多様である。

豆味噌は蒸した大豆でつくった豆麹と食塩を発酵・熟成させたものである。

豆味噌で有名なのは、岡崎（愛知県）の八丁味噌である。まず水洗いした大豆を水に浸し、水を切って蒸したうえで味噌玉にして豆麹をつくる。それを大桶に敷き詰めて塩と水を加え、上から石を積み上げて長期間発酵させてつくる（写真2―2参照）。一年半から二年以上も天然醸造されて濃い赤褐色となり、独特の渋みとうまみのある味噌である。愛知県の赤味噌の場合、米や麦も使用するが、辛口が多い。仙台味噌・江戸味噌などもこれに

写真２－２　八丁味噌の製造（愛知県）

類似する。

白味噌は米麴を多くつかった、白っぽくて甘口の味噌であり、主に京都でつくられる西京《さいきょう》味噌が代表的である。正月の煮込み雑煮にも使用される。雑煮は、京都など関西が丸餅・煮込・味噌味、関東が切り餅（角餅）・焼餅・醬油味、という違いがあるとされており、中間地域では複雑に交錯しているとされる。

私は富山県の農家で生まれ育ったので、子供のころ家で味噌づくりをしていた様子が記憶にある。前日から大豆を洗って水に浸す。その一方で、麴屋から米麴を買ってきて、炊き立てのご飯を広蓋のようなものに広げて、冷ましてから麴を振りかけ、大量の麴をつくっていた。

当日は家中総出の作業であった。大きな釜で大豆を炊き、ある程度冷えてから、大桶の前に据えた、手回しですり潰す道具の前へ笊《ざる》で運んだ。

この道具の上の、大きな漏斗型の穴へ大豆を入れてハンドルを回すと、道具の前の蓮のように穴の開いた口から、チューブから押し出された練り歯磨きのようになった大豆が出てきた。このハンドル回しが子供のころの私の役割であり、結構楽しい作業であった。

桶は前もって洗って乾燥してあり、土間に据えられていた。大桶の中へ、この潰された大豆と、量を増やした(と思っていた)米麴、食塩、水を交互に入れ、ほぼ一杯になると蓋をして、上に重しの石をのせた。

おそらく、一般的な米味噌をつくっていたものであろう。黄褐色であまり辛くない、時々丸のままの大豆が残っているような(私がハンドルをちゃんと回さなかったのかもしれない)味噌であった。私にとってはこれが、まさしく田舎味噌であった。

ところで、いわゆる田舎味噌には、先に述べた麦味噌のほかにも地域によっていろいろなものがあり、味も色もさまざまである。また金山寺味噌のように、もろみに野菜を刻み込んで発酵させた味噌もある。

写真2－3　和歌山県湯浅町の醤油醸造の町並み

醤油

醤油には、溜り醤油、濃口醤油、淡口《うすくち》醤油などがあり、ほかに再仕込み醤油、白醤油、生醤油（き醤油、なま醤油）や各種のダシを加えたものもある。

溜り醤油ないし溜りが古い形の醤油であろう。豆味噌を絞ってつくった醤油であり、味・香りともに濃厚で、液体もどろりとしているのが普通である。

紀伊国湯浅（和歌山県湯浅町）は溜り醤油発祥の地という伝承を持つが、近世中期には湯浅から銚子（千葉県）へ進出して醤油醸造を始めた人物がいたことも語り伝えられている。文化一二年（一八一五）には、当時の湯浅村とその周辺に四六名もの生産者がいたという。現在でも醤油醸造は盛んであり、写真2―3のように、一見すると酒蔵のような町並みが見られる。

濃口醤油はもっとも一般的な醤油であり、醤油生産全体の約八割を占めるという。近世中期に、溜り醤油の原料に小麦を配合するなどの改良を加え、現在では、原料の大豆と小麦は、ほぼ半々であるという。色が濃く、特有の香りが高い醤油であり、大消費地江戸・東京を抱えている関東に特に多い。輸送に利根川の水運を利用できた野田市や銚子市（いずれも千葉県）が有名だ。瀬戸内海の島、小豆島（香川県）も濃口醤油の生産が多いが、やはり水運に恵まれていることが共通する。

淡口醤油は色が薄く、近畿地方では汁物・煮物・うどんつゆなど全般的によく使用される。とりわけ京料理の汁物・煮物は淡口醤油で、食材の色が生きる。

淡口醤油の醸造では、原料の小麦の炒りを浅くして酒を加え、仕込みの際には麹の量を少なく、塩水の比率を高くするのが基本であるという。従って色は薄いが、塩分は濃いことになる。酸化すると色が濃くなるので商品価値が減じるとされ、濃口醤油より賞味期限が短い。

再仕込み醤油は味・香りともに濃厚で、刺身醤油などとして用いられる。仕込みの工程で、塩水の代わりに淡口醬油などの醬油を用いるので、再仕込みの名で呼ばれる。白醬油は小麦を原料とするので、大豆が原料の一般的な醬油とは全く異なる。色は淡口醬油より薄く、煮物に適するが、淡口醬油よりさらに賞味期限が短い。

生《き》醬油とは、大豆・小麦・食塩のみを原料として、ダシやみりんを加えたりしない醬油で、別概念の呼称である。生《き》醬油を本醸造醬油と称することもある。

生《なま》醬油とは、もろみを除いたのちに火入れをせずに、ろ過によって製品化したものである。品質を保持して保管・流通するのに手間がかかり、あまり普及していないという。

醬油はこのように多様であるが、日本全体でみると圧倒的に濃口醬油が多く、淡口醬油は近畿地方に多いことが、一つの特徴であろう。

ちなみに私の故郷（富山県南砺市）の雑煮は昆布ダシの醬油味であったが、角餅を焼かずに葱や鶏肉と煮込んだものであった。先に紹介した関東と京都の東西の違いからみれば、中間地帯であり、まさしく両者の混成である。

ここに紹介した味噌と醬油は、日本中でもっとも広く利用されている調味料であろう。中でも醬油は、どのような醬油かは好みによって分かれるが、特に刺身には欠かせない調味料（塩そのものが好みという人もいる）だと思う。

生姜と山葵

生姜と山葵《わさび》も、好みによるが、やはり刺身には欠かせない重要な香辛料である。

いきなり個人的好みで恐縮だが私は、イカ・サバ・アジなどの刺身には生姜をのせ、タコ・タイ・ヒラメなどには山葵である。習慣的に選んでいるだけで、特に理由があるわけではない。

そもそも香辛料と調味料、さらに食材とは、区別できる場合があるが、重複する場合や区別できないことも多い。

例えば生姜は純然たる香辛料として、刺身やウドンの薬味などとしても、さらに煮魚などの煮汁にも入れられる。ところがそれだけでなく、佃煮・甘酢漬け、あるいは時に幼茎に味噌をつけるなどして、単独の食材としても好まれる。生姜は家庭菜園でも栽培できるが、生産量が多いのは四国・九州である。最多は高知県であり、日本全体の約四割に上る。

山葵の食べ方も多様である。刺身については個人の好みであろうが、ソバの薬味は山葵であり、ウドンの生姜とは異なる。香辛料であるだけでなく、生産量の多い静岡県や長野県などでは、粕漬けに山葵の茎を刻み込んだ山葵漬けもある。山葵は清流を好むため、山

写真２－４　山葵園（長野県）

葵農場の栽培地は、渓流の谷底や、清流を引いてこしらえた、河原のような山葵畑に広がっている（写真２―４参照）。

私は、自生の葉山葵を湯がいて刻み、ダシに漬けたものを食べるのが好みである。山葵の香りと辛みが何とも言えない。郷里の富山県では、葉山葵をセンナと称し、それを愛好する人が多い。私も何回か、友人と自生のセンナを採集に行き、自分で調理したことがある。新鮮な葉と茎に熱湯をかけ、刻んでダシに漬けたものを容器ごと振り回すというのが、その友人から伝授された調理法である。この方法は確かに香りを引き立たせるのに有効であるが、理由はわからない。

センナで実感したことが一つあった。自生

の山葵の株は非常に大きく、葉と茎が茂っている。しかし通常用いる山葵の部分（根茎）は、非常に小さくて毛根が多く、食べても芋に近いようで、おいしくなかったことである。香りも辛みも、葉と茎に集中しているようである。

唐辛子と山椒

唐辛子もまた、香辛料として日常的に食卓に備えられるだけでなく、時に食材としても添えられる。

香辛料としては辛い品種の実を乾燥して、赤い粉として振りかけるのが普通である。私の友人には山葵の苦手な人がいて、常に小さな容器に赤唐辛子の粉、いわゆる一味唐辛子を持ち歩いている人さえいる。これに対して、山椒《さんしょう》などを混ぜた七味唐辛子もまた広く使われている。生産地によっていろいろな名称があるというが、七味唐辛子が最も一般的であろう。これは、もともと京都の清水寺門前にある店の商品名であったというが、先の友人のように、持ち歩くのに便利な土産品でもあったものだろう。

食材としては、辛くない未熟な実を食べるのが普通であり、万願寺唐辛子（京都府に多い）のように、香りがよく、ほとんど辛くない品種もある。しかし時折、辛いのが混じっていて驚くときもあるが、それもまた悪くない楽しみであろう。

七味唐辛子に混入される香辛料で代表的なのは山椒である。山椒もまた粉にして振りかけるが、ウナギのかば焼きにはことのほかよく合う。私が粉の山椒を使うのは、ウナギのかば焼きだけであるが、木の芽と呼ばれる若い葉は好みである。

山椒は我が家の庭にも、郷里の家から移植した二本があって、木の芽味噌（白味噌）をつくって、タケノコ焼きや田楽を楽しむ。春から初夏にかけて琵琶湖の若鮎が手に入った時には、山椒の葉と花山椒、少し遅れると若い実山椒を摘んで、炊き込みに加え、またその皿に添える。

山椒を大量に栽培している人を知らないが、私は庭の二本で十分に春を楽しみ、残りはアゲハチョウの幼虫の御馳走となるに任せている。

砂糖

酢・味噌・醬油と並んで重要な調味料に砂糖がある。しかし砂糖は長らく輸入品であった。

甘味料の初見は『日本書紀』神武紀であるが、「水なしに飴《たがね》を造らむ」と記している。

飴とは米からつくった、現代でいう水飴のような液体であろう。「飴」は『和名類聚抄「酥蜜類」』にも記されている。また、『延喜式「大膳　下」』などに出てくる「糯糒四升、糖三升」などの「糖」も飴であろうと思われる。

飴のほかには、例えば『枕草子』にあるように、「あまづら（甘葛）」が甘味料として有名であり、すでに『延喜式「大膳　下」』にも記されている。同書には、伊賀国をはじめとする東海道四ヵ国、東山道出羽国、越前国はじめ北陸道五ヵ国、丹波国はじめ山陰道五ヵ国、備前国はじめ山陽道二ヵ国、紀伊国はじめ南海道二ヵ国と、大宰府（西海道）から広く「甘葛煎《アマツラ》（『延喜式「和名考異」』）」の貢進を規定し、特にそれを、直接「蔵人所」に進めることとしている。甘葛は広く用いられた伝統的甘味料であったが、いわゆる砂糖は一七世紀前半ころまで輸入品であり、非常に高価であった。

琉球王国（沖縄県）は一七世紀において、明の冊封《さくほう》と薩摩藩の支配の両属であった。琉球の士族であった儀間真常が一六二三年、采地の村人を明の福州へ派遣して、サトウキビ栽培と黒糖生産法を学ばせたとされる。サトウキビと黒糖はその後、琉球の特産品となった。

その後、徳川吉宗（将軍在位、一七一六〜一七四五）がサトウキビ栽培を奨励し、高松藩主松平頼恭は讃岐（香川県）で栽培を広げた。

明治時代、讃岐では「讃岐三白」と呼ばれて、綿・塩とともに「讃岐砂糖」が特産品となった。同じころ徳島の「阿波砂糖」も有名であった。

特に独特の製法で生産される「和三盆《わさんぼん》」は黒砂糖をまろやかにしたような風味の高級品であり、干菓子に用いられる。

最近のサトウキビ生産は沖縄県が約七五万トン、鹿児島県が約五〇万トンで、二県で全国生産のほとんどすべてを占めている。サトウキビはイネ科であり、サトウキビ畑が多い沖縄県では、道路わきに、まるで大きな稲かススキが延々と繁茂しているかのように見える。

サトウキビには、春に植えて冬に収穫する春植え栽培、夏に植えて翌年冬に収穫する夏植え栽培、収穫後の株から再び伸びる芽を栽培する株出し栽培がある。刈り取られたサトウキビ（写真2―5参照）は工場に運ばれ、圧搾、ろ過、濃縮、結晶、分離の諸工程を経て原料糖となる。この原料糖が各地の精製糖工場へと出荷されてさまざまな商品となる。

日本の砂糖の総使用量は約二〇〇万トンというが、その過半が輸入である。自給率は約四割に過ぎず、その二割強がサトウキビ（甘蔗）糖で、八割弱が甜菜《てんさい》糖である。

写真２－５　サトウキビの収穫風景

甜菜はサトウダイコンともいわれるが、大根とは別のヒユ科の作物である。寒冷地に強く、西ヨーロッパ・東ヨーロッパ諸国を中心に広く栽培されている。大根と蕪の中間のような形状の根を、搾って煮詰めると砂糖が取れる。葉や搾りかすは家畜の飼料となる。

甜菜は明治初めに内務省勧農局がヨーロッパから輸入したとされるが、製糖に成功したのは北海道開拓使下の札幌農学校であり、明治一一年（一八七八）のことであった。翌年官営工場が建設されたが、やがて閉鎖された。第一次世界大戦後にあらためて精糖工場が建設され、現在は二社と一団体が操業している。現在甜菜は、北海道のオホーツク地方や十勝地方を中心に栽培されており、年産量は約三六〇万トンとされる。

甜菜にはテーブルビートやビートルート、ビーツなどと呼ばれる、糖度が低い食用種もある。ヨーロッパでは、例えばボルシチの赤いスープのように、根菜として食材にもなる。

ビートルートといえば、砂糖とは少しずれる話だが、私には忘れられない思い出がある。客員研究員としてオーストラリアのメルボルン大学にいたころの苦い（赤くて甘い）記憶である。メルボルン大学では、たまたま空席だった主任教授用の研究室をあてがわれ、研究上は問題なく快適であった。

朝食と夕食は滞在しているカレッジの食堂であったが、午前中は調査に出かけない限り、基本的に研究室で過ごした。昼食に誘われると近くのレストランへ行くこともあったが、たいていはスタッフルームで、五〜八人ほどで話をしながらの昼食であった。ある時から、東側の門の近くにあるサンドイッチ店へ通い始めた。ガラスケースにいろいろな野菜やハム・チーズなどがあり、それらの具材を注文して自分用のサンドイッチをつくってもらうという、オーストラリアに多い形式の店である。

パンにも種類がいろいろあり、好みのブラウンブレッド（全粒パン）に、その日食べようと思う具材を注文すると、ガラスケースの向こう側のおばさんが手際よくつくって三角に切り、紙袋に包んでくれるのである。

ところが頼みもしないのに、パンにまず、赤いビートルートのスライス（厚さ五ミリくらい）をまずペタッとのせて、それから注文の具材をのせるのである。塩・胡椒、具材によってはビネガーをどうするかとは尋ねてくれるが、ビートルートは強制なのである。

スタッフルームで食べてみると、やや甘くて、しかも土臭いビートルートが、私にはとても好きになれなかった。次の日には、ビートルートを手で除いて食べてみたが、せっかくの好みのパンまで赤く染まって、しかも水分で柔らかくなっていた。

さらに何日か経って、思い切ってビートルートを入れないでくれと頼んだ。ところが、サンドイッチづくりのおばさんから、これは栄養があるから食べなさいと説教されて、またしても真っ赤な汁の出るビートルート入りのサンドイッチを買うこととなった。何回か頼み込んでビートルートを除けてもらうのに一週間ほどかかったような気がする。

というわけで、今でもビートルートは苦手である。

三、茶とダシの文化的景観
――宇治・焼津、そして北前船

お茶の特徴

和食には、お茶が不可欠である。食前食中の飲み物として、それがお酒に置き換えられた場合でも、食後はお茶であることが多い。茶席のように、お茶の方が中心で、これに付随して懐石などの和食が発達したこともよく知られている。同じお茶でも、紅茶やウーロン茶などの発酵ないし半発酵茶と違い、日本のお茶（日本茶）は一切発酵させない。

日本茶の製造工程における最大の特徴は、収穫した茶葉をまず蒸す点にある。これにより発酵を止め、次いで蒸したままの茶葉を乾燥して碾茶《てんちゃ》（茶葉のかたまり）とし、それを挽いて粉状の抹茶とするか、あるいは蒸してすぐに茶葉を揉《も》んで、そのあと乾燥して玉露や煎茶とする。選別からもれた茶葉や、三番茶以降などの硬い葉を、同じ製法で番茶とする場合もある。茶の種類はいろいろであるが、まず蒸すのが特徴である。なお中国系のお茶は、茶葉を蒸すのではなく、炒《い》るものが多い。

蒸した後の茶葉の乾燥には焙炉《ほいろ》を使用する。紙を貼った笊に茶葉を入れ、熱源の上で乾燥するのが原型である。この工程によって乾燥を急速におこない、茶葉の緑色を保つことができる。緑の茶（青製と言った）は江戸時代の終わりごろの技術開発であったとされる。

いずれのお茶の場合であっても、緑の茶葉の色を維持する（番茶・ほうじ茶は別）ことと、発酵させないことが、次に大きな特徴である。ほうじ茶のように完全に色が変わるまで焙《ほう》じて、香ばしい香りを出す場合もある。いずれにせよ、全く発酵させないのが特徴である。

ただし、お茶の飲み方にも多様なパターンがあり、個人による好みの違いも大きい。日常では多くの場合、食事中のお茶はほうじ茶か番茶で、食後は煎茶であるのが普通である。食間のまさしく「お茶の時間」やお茶席は、お茶そのものが中心となり、席の状況や好みにもよるが、玉露や抹茶が喫されることも多い。これらの茶の種類は味や香りがそれぞれに異なるが、茶の種類に適した茶葉の栽培法と、さらに、先に述べた製茶法の違いによる結果でもある。

お茶は日本各地で生産されているが、生産量が最も多いのは静岡県（静岡茶）であり、明治二年（一八六九）の版籍奉還を受けて、旧幕臣が開墾・帰農に乗り出したのが起源だとされる。鹿児島県（知覧茶など）がこれに次ぐ生産量である。

ほかにも宇治茶（京都府）をはじめ、西尾茶（愛知県）、八女茶（福岡県）、嬉野茶（佐賀県）、狭山茶（埼玉県）、伊勢茶（三重県）、朝宮茶・政所茶（滋賀県）など、産地は寒冷地を除き、全国に及ぶ。

中でも宇治（京都府宇治市）は、中世に先行した栂尾《とがのお》（京都市）をしのいで有力な茶産地となった。大消費地であり、また茶道が発達した京都と近いこともあって、日本茶の中心産地であった。先に挙げた各地の茶産地には、宇治から茶や茶栽培の技術が伝わったとする地域もあり、また茶ノ木のDNAの共通性が確認されている例もある。

宇治茶は、近畿地方だけでなく、関東、東海、九州など各地に伝わり、いくつもの茶産地を形成し、それぞれの銘柄で販売されている。

茶園と茶農家

かつて宇治中心部の街路沿いには、茶商を含む町並みが連なり、そのすぐ背後に茶園

（一七世紀中ごろの地図では「園畑」と表現）があった。それらは今では、市街地の拡大によってなくなってしまったが、比較的近くの白川（旧市街東南方の小さな盆地）などに今でも茶園が経営されている（口絵2ページ下）。しかし全体としては、茶園は市街からかなり離れた地域へと拡散し、その多くはさらに遠く離れた、宇治市街東南方の南山城地域一帯の山間部や丘陵部、さらに河川敷などに点在している。

宇治茶は中世には、川霧がかかる宇治川谷口近くの茶園が中心であったと思われる。次いで山間の日照時間の少ない土地もまた、よく似た環境として茶園が拓かれた。

近世に茶の栽培地が広がると、このようではない環境の茶園でも、人工的に日陰をつくって茶栽培がおこなわれた。ホンズ（本簀）と呼ばれた方法は、葭簀《よしず》と藁《わら》の覆いによって強い陽光を遮り、柔らかな茶葉を生産して、高級な茶をつくることとなった。現在でも原理は変わらないが、寒冷紗《かんれいしゃ》と呼ばれる黒い（白いものもある）網目状のビニール製の覆いによって、類似の環境をつくって生産されている場合が多い。

ここで「高級な茶」と称したのは抹茶や玉露を指し、ホンズも寒冷紗も高級な茶となる茶葉の生産施設である。その中でも、さらに高級な茶を生産する茶園の場合は、伝統的な手摘みによるため、見かけ上の茶の栽培状況としては、枝葉がやや不揃いの状況になるという。

つくられる茶の色や香りはそれぞれの茶園で異なるが、茶園のある地域全体の特徴もあるとされる。木津川河川敷に広がるお茶が「浜茶」と呼ばれるのに対して、木津川上流山地における山腹の茶はしばしば「山茶」と呼ばれ、色や香りが異なるという。

宇治茶の特徴は、それぞれの茶商が各所の茶葉（中間製品の荒茶）を集荷し、各種の茶葉をブレンドして、それぞれのブランドの特徴を維持することにある。茶商はブレンド能力が最も重要な技術であり、必ずしも一定しない気象条件・栽培条件の下で、ブランドごとに毎年、安定した味と香りの茶として販売しているのである。

ただし近年では抹茶の用途に、アイスクリームやお菓子への利用が増えており、大きな変化が生じている。ある茶農家（お菓子嫌いか？）が複雑な表情で説明してくれたが、「ちゃんとしたお茶を目指して茶葉を生産しているのに、スイーツになるとは」、と嘆いて言うのである。

茶葉の生産には、いろいろな茶の種類に向けた違いだけでなく、栽培地や栽培法の違いによっても、いくつかの類型がある。

写真3―1は、木津川下流部の河川敷の茶園（先に述べた浜茶、京都府八幡市）である。

写真３－１　木津川河川敷の茶園（京都府八幡市）

河川敷とはいえ、通常の増水では冠水しない高水敷の部分であるが、土壌は砂質であり、水はけがよく、茶栽培に適している。

茶園の河道寄りには、竹やススキなどといった植物の群生が残してあり、近くの水田で脱穀後にできる稲藁とともに、かつては茶園の覆いに利用されていた。稲藁の利用は、水田農家が茶園と共存してきた一つの理由である。現在ではすでに述べたように、ほとんどが寒冷紗となっており、写真は、それを巻き上げた状況である。

南山城を貫流するこの木津川を、宇治の西方から遡って上流に向かうと、京都府域のもっとも南東の端に位置する南山城村に達する。先に述べた、山茶の産地である。山地が多い南山城村の各所における斜面に、緑のかまぼこ型をなして茶園が展

写真3－2　童仙房の茶園と防霜ファン（京都府南山城村）

開している。写真3―2には見られないが、このような茶園地帯では水田が、浅い谷底の狭い平地部分に所在していることが多い。

写真の茶園のところどころに立てられている柱は、先端に小さな扇風機を付けた霜よけ装置（「防霜ファン」と呼ばれる）である。人工的に空気の流れをつくり、春先の遅霜《おそじも》の発生を防ぐのに不可欠だという。

また、この写真の茶園には寒冷紗が施されていない。このような茶園は多くの場合、煎茶用の茶葉の生産を中心とする。

さらに、畝ごとに茶葉を刈り取った後の形状にも三種類ほどあることを述べておきたい。

一つ目の種類は、すでに述べた手摘みの茶ノ木のやや不規則な形状である。

写真３－３　山なり茶園（京都府和束町）

二つ目の種類は、かまぼこ型の畝である。この形状は、各畝の両側から二人（多くの場合夫婦によって）がかりで、袋付の大きなハサミによって茶葉を刈り取った結果として生じた形である。かつては手摘み以外、ほとんどがこの形状であったというが、現在では山地の茶園が、傾斜の急な斜面に広がっている場合に多い。

三つ目の種類は、茶葉を刈り取った後の畝がやや平坦に見え、また畝間の間隔が非常に狭いのが特徴である。平坦地や緩やかな傾斜の茶園に見られるこのような畝の形状は、人が乗って操作する、乗用茶摘み機による作業の結果としてできたものである。従って、比較的新しい形状でもある。例えば現在、新幹線が静岡県の丘陵部を走る時に車窓から見える茶園には、このような機械化された茶園が多い。

写真3—2にも、二つ目と三つ目の二種類の形状の畝が見られる。右上隅と中央奥の急傾斜部分にかまぼこ型の畝が見られ、他のなだらかな斜面は平坦な畝である。急傾斜の部分がハサミによる刈り取りであり、相対的に傾斜のなだらかな、あるいは平坦な茶園に乗用の機械が導入された結果である。

斜面から尾根にかけて、山全体が茶園となっている場合もあり、現地では「山なり茶園」と呼ばれることもある。南山城村に隣接する和束《わづか》町には、写真3—3のように山全体が茶園となり、麓に茶農家がある集落の例もある。この茶園では黒い寒冷紗も白い寒冷紗の部分もある。いずれにしろ抹茶や玉露用の茶葉の生産がおこなわれているとみられる。

写真３－４　製茶工場（京都府和束町）

茶工場と茶商の文化的景観

茶園地帯の集落には、伝統的な茶栽培の農家や、その製茶の作業場であった建物が今でも残っている場合がある。

木津川の支流、和束川上流の湯船《ゆふね》（京都府和束町）には、伝統的な茶工場の建物がよく残っている。茶栽培をしている個人の居宅の敷地内に、主屋や土蔵群などのほかに茶工場がある場合が多かった。このようなかつての個人経営の茶工場の建物を、現在でもいくつか見ることができる（写真３―４）。今では製茶工程の多くが、共同の近代的な茶工場に移っているが、かつてはこのような個別の茶工場において、茶葉の一次加工の作業が行われ、製品の前段階となる

「荒茶《あらちゃ》」がつくられていた。

写真の茶工場は二階建てであるが、昭和の初めごろまでは、茶工場の一階には焙炉が並んでおり、蒸熱装置もあった。摘み取った茶葉が運び込まれて蒸され、蒸し上げた茶葉をすぐに揉んで、そのあと乾燥する工程が行われていた。やがてこの工程は、揉機や乾燥機に変わったという。

二階部分は、収穫時に集落外から雇い入れる、茶摘みさんの宿泊施設でもあった。多くて一〇人ほどが滞在したという。

先に述べた宇治市中心部の市街だけでなく、木津川市上狛などにも、町並みの中に伝統的な茶商のたたずまいが見られる。お茶で有名な宇治には江戸時代に、「茶師《ちゃし》」と呼ばれた何人もの特権商人が活躍していた。茶師は、「茶壺道中」と呼ばれる輸送隊を江戸へ送り、幕府・大名などに茶を納めた。現在でも茶師の系譜をひく茶商がいくつも存在している。

宇治橋から西南に延びる宇治橋通り沿いには、今でもいくつかの茶商が店を構えている。写真3―5の場合、街路沿いに開いた長屋門風建物の入り口を入ると、右手にお茶の販売店、庭の奥には喫茶店が存在し、抹茶や抹茶スイーツを楽しむことができる構造となっている。

写真３－５　宇治の茶商（中村藤吉本店）

このように、宇治橋通りに門を開く構造はすでに一八世紀前半の「宇治郷総絵図」の表現からもうかがうことができる。遅くともこのころにはこのような門構えの様式が成立していたものであろう。

覆いを利用する覆い下茶園で生産された抹茶用の茶葉の加工もまた、今ではほとんどが郊外の加工工場に移されている。かつては茶商の一画の製茶設備において、抹茶の挽き臼が静かに回っていた様子を、ガラス戸越しに覗くことができた。

茶園と茶農家、茶工場や茶商のある町や村の景観もまた、和食に伴うお茶の文化的景観の一種であろう。重要文化的景観「宇治の文化的景観（京都府宇治市）」として選定されたのは、白川の茶園と旧市街の伝統的な茶商・製茶施設等であった。

カツオ節の道

お茶とともに和食を特徴づけるのは、独特の「だし（出汁、以下、ダシと表現）」である。香辛料でも、塩・醤油・味噌などのような調味料でもないが、特に煮物・汁物の場合は、ダシの役割がとりわけ大きい。ダシはいろいろなものから取られる。干しシイタケとか煮干しも、ダシを取る一般的なものであろう。

しかし、何といっても和食のダシを代表するのは、鰹節《カツオブシ》のダシと昆布のダシであろう。しかもよく言われるように、関東は「カツオ節ダシ」、関西は「昆布ダシ」という認識が一般的である。ただし実際には、いずれにおいても両方併用されるのが普通であるが、確かに、主に用いられるという意味で関東のカツオ節ダシ、関西の昆布ダシというのは理解できる。

カツオ節の元となるカツオは回遊魚であり、黒潮にのってくるので太平洋岸の漁の対象である。カツオの一本釣りは非常に勇壮で、よく知られている。またカツオは、食材としても大変好まれる魚である。「目に青葉、山ホトトギス、初鰹」とは、広く人口に膾炙した成句である。

かつて学生時代に四国を旅行していて、漁港近くの漁業協同組合の事務所にカツオの旗が掲げられているのを見たことがある。カツオが大漁であったことと、漁協の売店に入荷していることも知らせるのだと聞いた。鹿児島県や高知県など、カツオ漁の盛んな太平洋岸の、漁港から近い地点には、いくつもカツオ節の製造工場がある。カツオは刺身やたたきとして食べられるだけでなく、カツオ節にも加工されるのである。

漁港で水揚げされたカツオを新鮮なままで工場に運び、そこで三枚におろして釜で煮たて、骨抜きをした後でナラ材やシイ材を焚き、燻《いぶ》して乾燥する。さらに天日で干してカツオブシカビを付け、一旦カビを削ったうえで燻し工程から繰り返す。これを繰り返して硬い枯節をつくる、といった工程を経るのが普通である。このようにして生産されるカツオ節の製造工程は、江戸時代に完成したとされ、機械化された現在でも、工程の基本は変わらないという。

カツオ節が製造される要因となった背景の一つに、大消費地である江戸への海運の行程を、腐らせずに保存して輸送する必要があったことが指摘されている。江戸時代の魚河岸の場所であり、商家群の中心でもある日本橋はカツオ節販売の中心でもあった。今でも東

写真３－６　焼津港

京日本橋近くには、伝統的たたずまいを残すカツオ節専門店がある。

この長距離にわたる行程は、漁港・カツオ節製造工場・市場（専門店）から構成される。つまり、カツオ節の原材料入手、カツオ節製造、輸送・販売のルート上には、これらの特徴的な施設が点在することになる。これを「カツオ節の道」の景観とでも言うことができるかもしれない。ただし、カツオ節なくして和食が成り立ちえなかったというのは言い過ぎであろうが、少なくとも「カツオ節の道」もまた和食と一体の景観だといって過言ではないであろう。

鹿児島県や高知県とともにカツオ節生産の多い静岡県焼津市にも、関連する漁港や製造工場の景観が見られる。焼津はカツオ漁の中心地の一つであり、焼津港には写真3―6のように大型・小型のカツオ漁船が見られる。港の南方には焼津水産加工団地があって、多くのカツオ節生産が行われている。焼津は漁場である黒潮に近く、カツオ漁船の基地であるとともに、大消費地である江戸・東京に近い好立地を占めている。

焼津水産加工団地は、市内企業一八社を集めて一九七四年に発足し、現在一六社が操業しているという。組合事務所、共同駐車場・給油・ガス供給・住宅などをはじめ、共同の残滓処理・排水・給水・一次加工施設なども備えている。

水産加工団地を見渡しても、カツオ節工場とその他の缶詰工場などとの違いを、工場の建物の外観から見分けることはほとんどできない。ただし多くの場合、カツオ節工場の前や横には、写真3―7のように薪の山や薪を積んだ運搬用の台車がおかれている。写真の場合はコナラの割り木であるという。もちろん燻製用の燃料である。その工場内を覗くと、燻製用の台車付き籠に詰められたカツオ節の半製品がいくつも見られる。

枯節は、いわゆるカツオ節のイメージ通りの、硬い木片のような形であり、大工道具のカンナを裏返しにしたような、専用の削り器で薄く削って使用する。もちろん削って袋に詰めた削り節も売られている（小売りではこちらが一般的）が、削ってすぐの方が、味のよ

写真３－７　カツオ節製造工場（焼津市）

いダシを取ることができる。

薄く削った削り節には「花ガツオ」と称する商品もあるが、これは荒節を削ったものである。荒節は、枯節のように表面にカビが付着する前の状態であり、むしろ半製品に近い。

なおカツオは、鮮魚店では刺身やたたきなどの生食用に加え、生節《なまぶし》（生利節《なまりぶし》とも）といわれる形でも販売されていることがある。カツオを三枚におろして骨を抜き、煮立てて半乾燥にしたものである。軽く燻製にしたものもあり、カツオ節の半製品のようなイメージである。煮物に用いられるのが普通であり、食材として保存・輸送に適している。

『延喜式』には、神前への供物や官人の雑給料などとして「堅魚《カツオ》、一両」などの表現がしばしば見られる。古代から食材として利用されてきたのである。

鮮魚として輸送されたことはありえないので実態は不明であるが、一方では「煮堅魚、堅魚煎汁」といった表現も見られることから、生節のような状態で輸送したのであろうか。

昆布の道

昆布が和食に占める重要性もまた、カツオ節と同様か、それ以上に大きなものであろう。カツオ節の道のような「昆布の道」があるとすれば、その景観は、カツオ節のそれときわめて対照的であろう。

カツオ節の道が太平洋岸をたどったのに対して、昆布の道は生産地である北海道と、大消費地である京都・大阪を結びつけるルートであり、さらに長距離である。昆布は、北海道から日本海岸をまず南・西へたどり、瀬戸内海を経て大阪に至る。昆布はまず生産地で乾燥されるので、輸送を急ぐ必要はない。この途中に加工地点が点在する。点在的である点ではカツオ節生産地と同様であるが、カツオ節生産地は漁港に近接して形成される点が大きく異なる。

昆布は主として北海道の沿岸で採取される。とりわけ有名なのは、南側の太平洋岸で生産される日高昆布と、北部の日本海側の利尻・礼文島付近で生産される利尻昆布であろう。

このほかにも産地は多いが、いずれにせよほとんどは北海道沿岸である。採取された昆布がまず海岸で天日乾燥されるのが、典型的な昆布生産の場の作業風景である。長大な昆布が海岸の砂上に広げられたり竿にかけられたりして、干されている光景は特徴的であるが、そこには特段、加工工場などないのが普通である。

かつて昆布の多くは、日本海側の北前船《きたまえぶね》と呼ばれた、西廻りの航路を通じて大坂へもたらされた。北前船は、大阪湾ないしその近くから、瀬戸内海を経て下関へ至り、そこから日本海沿岸の港湾に寄港しつつ蝦夷地（北海道）に赴き、帰路もまた逆にたどることになった。遠回りではあるが、難所の多い太平洋岸よりも、古くから使われてきたルートであった。

昆布産地から遠く離れた大阪だが、現在でも、とろろ昆布や塩昆布をはじめとする昆布の加工業者や、昆布およびその加工品を扱う商店が多い。すでに述べたように、東京（関東）における和食のダシの基本がカツオ節であるのと対照的に、大阪・京都（関西）の和食のダシの基本が、カツオ節とともに昆布であることはよく知られた特徴である。昆布の使用は、西日本各地から九州、さらに沖縄にまで及んでいることも知られている。

北海道から北前船によって、昆布が大坂へもたらされたことを反映して、その途中に位置した寄港地であった日本海側の港町やその後背地に、昆布を使用した多様な和食が発達していることも特徴的であろう。例えば、越中・加賀（富山県・石川県）などにおける、魚の昆布締《こぶじ》め（乾燥した昆布に、厚切りの刺身のような切り身を並べて、昆布で包んだもの）や蒲鉾の昆布巻き（魚のすり身を昆布で巻いて蒲鉾としたもの）などである。

昆布締めは、昆布の味が刺身に移って味をよくするだけでなく、鮮魚の保存効果がある。低温の宅配便がまだなかった私の大学院生時代でも、富山県から京都へと郵送してもらって食べることができた。いずれにしても私の郷里の味であり、とりわけ昆布締めは私の好みである。

さらに、途中の日本海沿岸の港町や瀬戸内海沿岸の港町などにも、大阪に見られるような、とろろ昆布などの昆布加工業が発達している。太平洋側のカツオ節の道の景観とは対照的な、昆布の道の景観が日本海側に点在し、さらに瀬戸内海沿岸にも点在するのである。

例えば、日本海に面した古代以来の港湾都市である福井県敦賀市郊外には、写真3―8のような昆布加工工場があり、この種の工場としては大きな施設である。施設名に昆布が入っていなければ、外見から業種はわからない。この加工工場は、とろろ昆布の加工状況など、加工過程の見学施設（加工品の販売施設でもある）ともなっていて、観光バスがしばしば立ち寄っている。

写真３－８　昆布加工・見学施設（敦賀市）

写真３－９　昆布加工・販売施設（加古川市）

一方、写真3―9は兵庫県加古川市の昆布加工工場である。この場合もまた、加古川河口に近い立地が、昆布の道の中継点であったということを反映しているとみられる。写真には工場に接して昆布製品の販売店があるのが見えるが、近づかないと何を販売しているのかわからない。昆布も昆布製品も大きなものではないので、一見して昆布加工工場とわかる施設ではない。工場名や看板などが昆布と言っていなければ識別できないのは、敦賀の加工工場と同様である。

このような、点在する「カツオ節の道」と「昆布の道」の景観もまた、和食に伴う生業の文化的景観ととらえることができよう。

煮干し

煮干しもまた、ダシに用いられることはすでに述べた。煮干しはカタクチイワシの稚魚などを煮て乾燥したもので、ダシを取るのに日本中で広く使用されてきた。好みによっては、カツオ節ダシよりも煮干しダシを選ぶ人もいるかもしれない。

煮干しの原料はカタクチイワシのほかに、マイワシ、ウルメイワシ、キビナゴ、アジ、サバ、トビウオなどが用いられることもある。西日本ではしばしば煮干しが、「だし雑魚《じゃこ》」

あるいは「イリコ」とも呼ばれる。先に「堅魚」について引用した『延喜式』には、やはり神前への供物や雑給料などとして「熬海鼠《イリコ》」の語がしばしば見られるが、これは海鼠《なまこ》の臓物をとってから茹でて干したものであろう。ここでいう煮干しのイリコとは異なる。

むしろ「鯛、鱅、雑魚、蛸」などの「腊《キタヒ》」が丸干しと見られており、煮たうえで干したかどうかは別にして、干し魚であった。「乾鰯」も似た形状が想定される。ただしこれらは食材であり、ダシ用ではないであろう。

『延喜式』には、調・中男作物・贄などという名目の魚介類についての規定が非常に多い。これらについては、次章でまとめて紹介したい。

実はサバでも、カツオ節とよく似た工程でサバ節がつくられており、用途によってはサバ節が選ばれる。カツオ節の年間生産量が約三万トンであるのにたいして、サバ節が約一万二〇〇〇トンというので、かなりの量である。

サバ節は、サバの中でも脂質の少ないゴマサバが選ばれ、カツオ節に比べて香りよりもコクや甘みが強いといわれる。やや魚の匂いがあるのが特徴であるが、ソバ汁《つゆ》でカツオ節と併用されるのが普通である。ウドンのダシにも使われることが多く、時には、それとは気づかずにサバ節を使用している人がいるかもしれない。特に削り節として振りかける場合には、サバ節が選ばれることが多いという。

サバについても用途が多いので、サバ寿しの項でまとめて紹介することとしたい。

煮干しに戻ろう。煮干しは、漁港ないしその近くに煮立てる場所と乾燥する場所があれば、生産することができる。煮干しは文字通り、煮た小魚を一面に広げ、干してつくる。煮干しの生産は長崎県が一番多いとされるが、小規模な生産地が多いこともあって、カツオ節や昆布のような意味での目立ったルートはない。各地の漁港付近がそのまま生産地であり、そこから、各地の大小さまざまな消費地へ運ばれるのが普通である。

また、煮干し（イリコ）のダシで有名なのは讃岐《さぬき》ウドンであろう。近くの瀬戸内海産のイリコである。今では、セルフサービスのウドン店が広範囲に展開しているので、日本中で広く知られている。讃岐ウドンは、コシの強い麺そのものが特徴的であるが、昆布ダシと地元のイリコを使用したダシも、麺とともに個性的である。もちろんイリコのすべてが地元産であるとか、カツオ節が全く使用されていないとかではない。味は、店によって、企業によって当然異なる。

しかし、煮干しダシの讃岐ウドンと、カツオ節ダシのそば汁とは、味わいはやはり好対照であるといえよう。

四、漬物と多様な発酵食品
――京都・滋賀と奈良・三重・北陸

大根畑と「ハサ干し」

漬物はもともと保存食品である。一般に、さまざまな野菜類を長く食するための調理技術の一種である。野菜の種類を問わず直接調味料に漬けるか、あるいは干してから漬け込む。漬けるのは、塩・醤油・酢・糠《ぬか》・味噌・酒などであり、さらに発酵させる場合もある。野菜の種類と地域により、さまざまな製造過程を伴う多様な漬物がある。

とりわけ大根の漬物は、「浅漬け」や「タクアン（沢庵）」などとして、極めて一般的な食材である。いろいろな大根の漬物が日本中でつくられ、親しまれている。

漬物はもちろんのこと、大根ほどさまざまな形で、また広く利用されている野菜は少ないであろう。生のままでは、大根おろしとして食べたり、具《つま》（「けん」とも言う）として刺身に添えたりするのが日常的であろう。さらに、輪切りや小さく刻んで煮込んだり、千切りやほかの形でいったん乾燥して保存した上で煮込んだりなどと、調理法も実に多様である。

さらに、辛みの強い大根おろし（辛味大根）をダシ汁に加えて食べる「おろしソバ」（福井県）もあれば、ねずみ大根のしぼり汁（味噌あじ）で食べる「おしぼりウドン」（長野県埴科郡）などもある。

私事ながら、ある時はおろしソバ、ある時はきつねウドン、季節によって素麺かニュウ（煮）麺が、私の昼食の定番である。

さて、タクアンに代表される大根の漬物だけでも、とりわけいろいろな種類がある。日本各地で広く食べられている点でも、タクアンは代表的な漬物であろう。大根はもとより畑作物であり、大根そのものにも聖護院大根、練馬大根などをはじめとするさまざまな品種があり、各地で栽培されて食材となっている。

いずれの種類の大根も通常は晩秋から初冬に収穫されるが、畑近くの水路で洗われて積み上げられている、伝統的な様子はとりわけ特徴的であり、しばしば季節の風物詩としてメディアに紹介されてきた。洗った後、軒下などにつるされて乾燥されている情景もまた同様である。人々の生活と密着し、その様相を示すという意味で、タクアンの文化的景観という見方もできることであろう。

タクアンに加工する時期には、とりわけ特徴的な文化的景観が出現する。それは、大根を軒下などにつるした様子や、それを大量に天日干しにする、「ハサ（稲架）」掛けの景観に代表される。

改めて言うまでもないが、大根の漬物は日本全国でつくられ、タクアンが一般的な表現であるが、ほかに、古くは壺に漬けたことに由来する、「つぼづけ」の呼称があり、寒冷地での室内乾燥の製造過程において自然に燻されたものや、製造過程において意図的に燻製を加えた、「いぶりがっこ」（秋田県）というタクアンの呼称もある。

このように各地にタクアンの種類は多いが、有名なものの一つは、江戸時代末ころから製造が始まったという「伊勢タクアン」であろう。三重県伊勢市御薗《みその》町でつくられ始めたとされ、宮重大根と練馬大根の交配からできた、御薗大根と呼ばれる品種が用いられる。御薗大根は色が白く、やや細くて長いのが、わずかな見分けのポイントである。御薗大根によって、一般的な大根を使ったものと比べると、甘みの強いタクアンができるという。

伊勢神宮の門前町、おかげ横丁（伊勢市宇治）には、写真4—1のような漬物店があり、

写真４－１　伊勢市宇治の漬物店

伊勢タクアンが販売されている。その生産は店の経営者でもある生産者によって同市内東大淀町で行われている。約四〇〇〇坪の畑で三～六万本の御薗大根が生産されているという。かつてはどこの産地でもそうであったように、ほとんど手作業であった。現在では収穫（抜き取り、運搬）に、トラックのみならず重機も使用されている（写真４―２参照）。

収穫ののち、毎年一一月中ごろに、畑の一画に設けられた高さ七～八メートルのハサに、大根の葉の方を縄で結んで掛ける。この作業は、何人かがハサに登って手渡しで行われるが、これについては今も手作業のままである。大量の大根を干す、独特の景観が見られることとなる（写真４―３）。

写真４－２　大根畑（伊勢市）

写真４－３　ハサ干し（伊勢市）

このようにしてハサに掛けた大根を、二週間ほど天日干しにする。この季節に、伊勢平野を北から吹きわたる風にさらすのが、重要な工程である。伊勢平野の寒風が、タクアン用大根に最適な乾燥をもたらすという。

その後、漬物工場に運んで葉をとり、大きな容器（もともとは樽）に並べて詰められ、さらに塩・米糠が加えられる。そのうえで重石をのせ、三年間ほども漬けられるという。こうして十分に発酵・熟成させた結果、独特の風味を持つ、やや硬い伊勢タクアンが出来上がることになる。

出来上がったころ、大きな容器を初めて開けてタクアンを取り出す時が、経営者にとってもっとも緊張を強いられる瞬間だという。

スグキ漬けと柴漬け

スグキ漬け・千枚漬け・柴漬けの三種の漬物は、いずれも乳酸菌発酵の漬物である。京都の伝統的な漬物を代表するものであるが、京の三大漬物と呼ばれることもある。

スグキ漬けは、上賀茂一帯（洛北）で生産されてきたカブの一種である酸茎菜《スグキナ》の根と葉を、一緒に漬け込んだ漬物である。現在では写真4―4のように、ビニールハウスでスグ

写真４－４　スグキナのビニールハウス（京都市）

写真４－５　伝統的なスグキ漬け（京都市）

キナが栽培されている。

面取りと呼ばれる、スグキナの根茎の皮を削ぐ工程の後、塩水による下漬け（一日）と本漬け（七日）を行い、室《むろ》で八日間ほど発酵させる。

塩漬けの際に、伝統的には写真4―5のように、一方の端に重石を付けた三～四メートルの長さの天秤を渡して押しをかける、いわゆる天秤押しの桶を使った。今では機械で圧力をかけた樽が作業場の奥に並んでいる。

乳酸菌発酵をさせたスグキ漬けは独特の酸味と風味を持ち、薄く切るか、葉とともに細かく刻んで食されることが多い。ご飯やお茶漬けによく合う。

かつて、上賀茂一帯の道路沿いに大きく開いた作業場には、このような天秤押しの桶が並び、面取りした山積みのスグキナとともに、洛北の冬の風物詩ともなっていた。しかし最近では、栽培地も市街から離れた地域へと移動し、上賀茂に残る業者はわずかである。

これに対して千枚漬けは、聖護院カブを薄く輪切りにして樽に漬け込む。大きな聖護院カブを非常に薄く切って重ねるので、千枚漬けの名称が生じたという。樽に漬け込む際には、昆布を加えて乳酸菌発酵を促すので、先に述べたような昆布の道の終点の景観でもある。やはり冬が旬の漬物であり、特有のぬめりを伴った淡泊な味は、和食の代表的な一品

写真4－6　赤紫蘇の畑（京都市）

でもある。

柴漬けはこれらとは異なって、夏野菜の漬物である。ナスやキュウリなどの野菜を赤紫《あかじ》蘇《そ》とともに漬け込み、一ヵ月ほどかけて、やはり乳酸菌発酵させるのが基本である。漬け込みの際は、均等に重しをかけるため、小ぶりの重石を山のように積み上げるという。

夏の赤紫蘇の畑は、紫の葉が広がる独特の様相となる（写真4―6参照、ただしこの写真では色は見極めができない）。なお現在では、青紫蘇やミョウガなど、ほかの野菜を用いた柴漬けも多い。

さて、柴漬け用の野菜は必ずしも漬物専用ではないが、千枚漬け用の聖護院カブも、漬物用でなく食材となることがある。

聖護院カブは「カブラ蒸し」などとして、漬物以外の京都独特の冬の料理にも使用される。カブラ蒸しはまず、すりおろしたカブに下処理したエビや白身魚、生麩、銀杏などを加えて蓋つき器の底に入れ、これに蓋をして蒸し器で蒸すものであり、蒸されたカブは、白い泡状となる。食べる時には、この上から「あん」にしたダシをかけ、おろした山葵を添えて、かき混ぜることとなる。匙《さじ》を使うことが多い。まずは、冬の京都を代表する一品といってよい。

これらの食材となる、スグキナ・聖護院カブや赤紫蘇などの畑の広がりは、これらの伝統的な漬物なしには考えにくい。しかもこれらの漬物は、それぞれが京の和食になくてはならない一品である。このほかにも、京の漬物の種類は極めて多く、枚挙にいとまがない。

最も特徴的であった、スグキの天秤押しの樽の列は上賀茂一帯の景観であったが、京都市街には写真4―7のように、各種の漬物の樽を並べた漬物の専門店が多い。店頭の樽は基本的に販売用であるが、これらの専門店には、店の奥で一部の漬物の製造をも行っている場合があり、いずれも特徴的な漬物店の様相を呈する。

これらの漬物用の作物の畑と漬物製造の施設は、やはり和食の文化的景観を構成し、それを特徴づける例となろう。京都に多い漬物店もまた、特徴的な京漬物そのものとともに、

写真4－7　京都の漬物店

文化的景観の要素であろう。

ここで取り上げたスグキ漬け・千枚漬け・柴漬けなどの京漬物のように、発酵過程を伴うものは、漬物の中でも加工度の高いものであり、多くのタクアンのように干したうえで漬け込むのがこれに次ぐパターンであろう。なおタクアンの中でも、伊勢タクアンのように、発酵過程を伴うものがある。

漬物の種類は極めて多いが、それぞれの栽培地があり、個人の家庭ないし業者の製造場所と販売店があって、いずれも伝統的食文化の一部である。独特な和食の文化的景観との結びつきが深いといってよいであろう。

蕪寿し

蕪《かぶら》寿しとは、聞きなれないと思う方があるかもしれない。蕪をやや厚い輪切りとし、その間にサバやブリを挟んで、米麹と一緒に漬け込んで発酵させた食物である。材料の蕪は皮を厚くむいて軽く塩をふり、二〜三日水を出す。サバは塩サバ、ブリも塩ブリである。麹をつけたまま数片に切り分けて食卓に出す。

蕪寿しは、日本海側の富山県や石川県などで、一般的につくられてきた冬の食物である。発酵食品の一種であり、北海道から日本海側の各地において、いろいろな魚や野菜とともにつくられる飯鮨（イズシ、あるいはイイズシ）の一種でもあろう。

私の家は富山県の農家であったが、晩秋の収穫時期にはまず収穫した蕪を洗い、皮をむいてやや厚く（二センチ位）切り、さらにその中間に切り目を入れて下ごしらえをした。それが終わると蕪寿しを漬け込む日に合わせて、塩サバや塩ブリを仕入れた。近隣の町のなじみの魚屋ではこの時期、蕪寿し用の塩サバ、塩ブリを準備していた。町の一角には麹屋もあって、やはり前日に米麹を買い入れて、柔らかめに炊いたご飯と米麹とを合わせ、ぬるま湯を加えて一晩保温をしつつ麹を培養し、甘酒状にした。

その上で蕪寿しを漬け込む当日、蕪に塩魚の薄い切り身を挟み、桶にこれを並べ、甘酒状の米麹を加えた。これを繰り返して漬け込みが終われば、蓋をして重しをのせ、一週間弱、十分に発酵させたものが蕪寿しである。食べごろとなった筈の桶を開く日は、出来具合が気になって、母はとりわけ緊張と期待が交錯したようである。

蕪寿しとは、富山県や石川県の冬の典型的な保存食であり、正月の重要な食物であった。家庭によって多少違うとしても、鏡餅（お供え）や雑煮とともに、最も正月らしい食物であった。かつてはそれぞれの家庭で漬け込む、いわば家庭の味でもあった。

私の母がつくるのは、魚はいつもサバであり、家庭ではブリの蕪寿しを食べたことがなかった。今ではどこの家庭でもつくっているわけではなく、一方で地元のどこのスーパーマーケットでも売っている。多くの業者も製造・販売しているが、近隣の主婦のグループなどで、共同でつくっている場合も少なくない。

私はこれが大好物であり、かつて郷里から送ってもらった蕪寿しが着いた日の夕食は、それを肴に十分に楽しむのが習慣となっていた。母が亡くなった今では自分で入手せざるを得ない。業者がつくった蕪寿しの場合は、保存用の防腐剤が入っていることがあるので、それを避けて好みの味を探し当てるのに若干の苦労をした。今は好みの品が見つかったので、年末には大量に仕入れている。勝手に今年の出来はどうかと論評しつつ、家庭で年末年始の肴として楽しんでいる。

鮒寿し

前節で取り上げた蕪寿しは、蕪と魚を麴（とご飯）で発酵させたものであった。食材の中心は蕪であり、発酵した漬物である。飯鮨《いいずし》の一種でもあろう。それに比べると、鮒《ふな》寿しには野菜（蕪）が入らない。魚は文字通り鮒であるが、ご飯とともに発酵させた鮓《すし》であり、熟《な》れ鮨である。いわゆる漬物ではないがここで取り上げてみたい。

古代には「賦役令」に「近江鮒五斗」として、産地を特定して書き立てており（『令義解』）、また「贄《にえ》（宮中・祭事への献上品）」として「郁子《ムベ》、氷魚《ヒウオ》、鮒、鱒、阿米魚《アメノウオ》」を平安京へ進上していた（『延喜式「宮内省」』）。鮒・鱒《ます》は説明の必要がないであろうが、郁子はアケビ科の果物、氷魚はアユの稚魚、阿米魚はアマゴ（ビワマスか）である。

また「中男作物（中男〔次丁〕、一八～二一歳男子）の調（税の一種）の代わりに、その労役によって生産する）」として近江国は、「醤鮒、阿米魚鮨、煮塩年魚」などを納めた。「醤鮒」が鮒の醤漬けであろうが、後世の鮒寿しとは異なる。隣国の美濃国がむしろ「鮒鮨」を納めていた（『延喜式「主計　上」』）。

『延喜式』の「鮨《すし》」の記載は「鮓《すし》」であろうとするのが定説なので、この「鮒鮨」は文字通り鮒の鮓であったものであろう。ただしこの発酵が、現在の鮒寿しのように、飯（イイ、ご飯）を使用したものか否かは不明である。

調として納められた魚介類では最も多いのが「鰒《あわび》」であり、加工方法の違いなどを反映した表現は二〇種に及ぶ。例えば「串鰒」は身を串刺しにして干したものを連想させる。しかし、例えば「御取鰒」など、多くのものはどのように加工したものかは不明である。

鰒（鮑）のほかにも調の魚介類は多様である。やや煩雑であるが、大雑把な類型ごとに列挙しておきたい（カタカナのルビは国史大系本『延喜式』に振られた読み）。

＊「乾蛸《ホシタコ》、乾螺《さざえ》、堅魚《かつお》、烏賊《イカ》、久恵鱐《ホシ、》、鮫鱐《サメノホシ、》、雑魚鱐、雑魚楚割《スハカリ》、魚楉割《スワリ》、乾鰯」などは、いずれも干物とみられる。

鱐《ホシ、》とは、サメの場合も含む干し魚、楚割《スハカリ》とは細く切って干した魚であろう。また「久《く》恵《え》鱐」は、紀伊国の調に「久恵腊《キタヒ》」が計上されているので、それと類似のものと思われる。

とすれば「久恵」とは、紀伊水道などに棲息するハタ科の大きな魚「九絵《くえ》」を連想させる。

＊「煮堅魚、熬海鼠《イリコ》、雑魚腊、蛸腊、鯛腊、蠣《カキ》腊」など、いずれも干したものである可能性が高い。

「腊」が丸干しであるとされるので、これらの雑魚、蛸、鯛《たい》、牡蠣も干した魚貝であろう。「煮堅魚」や「熬海鼠」は煮てから干したものとみられる。そうであれば、煮堅魚は生節の原型であろうか。

＊「貽貝《イカイ》、棘甲蠃《ウニ》、甲蠃《カセ》、鮭、漬塩雑魚」などの加工法はいずれも不明であるが、「漬塩」は明らかに塩漬けであり、他もそうである可能性が高い。

＊「醤鮒《ヒカホ》、鮨鮒、冨耶交鮨、貽貝鮨、雑魚鮨、海鼠腸《コノワタ》」などの鮨（鮓）は、いずれも発酵させたものであろう。醤鮒は醤漬けであろう。海鼠腸は不明であるが、塩漬けか、干物にしないと保存できないであろう。

＊これらのほかに中男作物には、「鹿脯《カノほじし》（鹿の干し肉）、猪脯、腸（腸）腊、雉《きじ》腊、鹿鮨（鮓）、猪鮨（鮓）、鮭脊腸《セワタ》、鯖《アヲサハ》、醤小鰯、大鰯鮨（鮓）、鮭鮨（鮓）、内子鮭《ココモリノサケ》」など、さまざまな鳥獣肉や魚の干物、あるいは鮓・塩乾物を挙げている。

中男作物にも鰒加工品の種類名は多い。しかしそれを別とすれば、特に年魚《あゆ》の加工法の表現が多彩である。先に述べた氷魚のほか、「押年魚《オシアユ》、火乾年魚、煮乾年魚、漬塩年魚、煮塩年魚、鮨年魚」が挙げられていて、これらの場合は製法の基本を想像することができる。

さて、贄として進上された魚では、ほかに、「鱸《すずき》（山城）」、「鯛、鰺《あじ》（和泉）」、「楚割鮭（信濃）」、「生鮭（若狭、丹後、但馬）」、「鮭子（越前）」が記され、調では、「貽貝保夜交《マゼ》鮨（若狭）」、「鮨年魚（但馬、美作）」などが記されている（『延喜式「宮内省」』）。

鱸は大阪湾から淀川を山城国まで遡ってきたものであろうか、あるいは別の淡水産の魚という説もある。また越前の鮭子とは筋子《すじこ》（現在では鮭の卵巣をほぐさないで、塩漬けないし醤油漬けにしたもの）に当たるものであろう。

贄としての京への魚は、日本海側からの「生鮭」のような「生」か、内陸の「鮨年魚」

などの「鮓」、あるいはそれ以外の魚名しか記されていないもの（近江、和泉）に分けられる。ただし「生」とあっても、現在のような意味での、完全な生とは考えられない。近江国の「氷魚、鮒、鱒、阿米魚」と和泉国の「鯛、鰺」の加工法はここには記されていないが、やはり完全な生での輸送は難しかったであろう。

ほかには「煮塩年魚、鯛鱐」などの名称が見えており（「大膳　上」）、干したもの、煮たもの、あるいは塩・醤などを使用したものが想定される。「鮨（鮓）」あるいは「雑鮨（鮓）」は「大膳　下」などにも頻出するので、発酵させた鮓、いわゆる熟れ鮨もまた、保存・輸送面で重要であったものであろう。

ところで、琵琶湖（滋賀県）の鮒寿しと聞くと、あるいは眉をしかめる人がいるかもしれない。しかし好きな人にとっては、よく出来てさえいれば大変良い味であり、嫌いな人は最初に良い鮒寿しに巡り合っていないのではなかろうか、と私には思われる。

ただし美味といっても問題はあって、鮒寿しは一般にかなり高価である。それには理由があって、つくるには相当手間がかかっているからである。

春、まず鮒（ニゴロブナ）を獲り、ウロコとエラをとって、卵を残して内臓を除く。この作業にまず熟練を要する。鮒の腹を裂かずに、先を曲げた針金などで内臓を掻き出す。

腹に塩詰めをしたうえで、桶に塩を敷いて鮒と塩を交互に積み重ね、さらに塩をかぶせて重しを置く。

夏、鮒を取り出して水でよく洗い、塩抜きをする。同時にご飯を炊いて少し塩をしたうえで、塩抜きをした鮒にご飯（イイと称する）を詰め、さらに桶の中にご飯を敷き、鮒とご飯を相互に重ねて重しをする。そのあと冷暗所に保管して発酵させる。発酵のために酒を加えることもある。さらに酒粕や味噌に漬けて、独特の味を加える場合もある。

土用のころに漬けてから二、三ヵ月を経て、晩秋には食べごろとなるが、もっと長期間漬け込む場合もある。鮒寿しは神事・祭事にも登場し、神前で包丁を入れる様子が、地元の滋賀県ではよく知られている。

琵琶湖畔の各地でつくられる鮒寿しはそれぞれ特徴がある。一般には、卵の入った高価なものが好まれるが、意図的に卵の無い（オスの）鮒寿しも売られている場合があり、手ごろな値段である。淡水湖の島で唯一、人が住んでいる沖島（近江八幡市）では、実習を兼ねた鮒寿しづくりの教室が開かれていて、観光客も参加できる。

また、湖西の安曇川流域にある針江（高島市）は、「高島市針江・霜降の水辺景観」として重要文化的景観に選定されているが、ここの観光客向けの店ではほかの魚でつくった鮓も売られている。その店で、ハスでつくった鮓を買ったことがある。ハス(鰣)は琵琶湖とその水系に多いコイ科の魚であるが、姿はオイカワに似て淡泊な味の魚である。

鮒のものに比べると身がやや柔らかく、酸味よりも甘みを少し感じさせる味であったが、意外に(?)おいしかった。いろいろな試みがなされているようである。

サバ寿し

鯖《さば》は極めて一般的な魚であるが、鮮度が落ちやすいこともあって、現在でも完全な生の刺身は珍しい。軽く薄塩をして少し酢で締めたものが多く、それがやや強くなれば生《き》寿しと呼ばれるのが普通である。そうでなければ煮たり焼いたりの調理をする。

先に紹介したように中男作物には、「鯖《アヲサハ》」があり、ほかに「宴会雑給」の「大歌、立歌」に「大鯖」が記されている(『延喜式「大膳　上」』)。「アヲサハ」と読ませているのは、醤漬けなどではなく、色彩が残っているという意であろうか。

一方、調ないし中男作物として鯖を輸したのは、能登・周防・讃岐・伊予・土佐などの国々である。いずれも海路を使うことのできる国々であるが、すべて中国ないし遠国であり、京へは遠い。この五ヵ国のうちで最も近い讃岐国の場合でも、上り十二日、下り六日であり、海路（与等（淀）津まで）は十二日と規定されていた。能登国は上り十八日、下り九日、海路廿七日（二七日、敦賀津まで）であった（『延喜式「主計 上」』）。

淀津は平安京に近いが、敦賀から平安京へは琵琶湖水運があるとはいえ、陸路・山道もたどらねばならない。この長距離を、鯖に塩をせず生で運ぶということはとても考えられない。

調や中男作物には若狭国からの鯖は規定されていないが、後世には一塩《ひとしお》の鯖を背にして若狭から京都へ向かい、到着ごろにはちょうど塩がなじんだという。その行程を歩んだ道は、若狭から京都への最短距離であり、鯖街道と称して今でもたどることができ、観光地ともなっている。

さて、一塩の鯖を酢で締めて酢飯の上に置き、その上に表面を削いで透き通った昆布（酢を通した）をのせ、竹皮に包んでなじませたのが、典型的なサバ寿しである。昆布の道の最終地点の食べ物でもある。サバ寿しは熟れ鮨ではないので、蕪寿しや鮒寿しとは異なり、発酵過程はない。

京都では祇園祭などの祭礼の時期の食べ物でもあった。今では通年、有名な老舗の店で購入できるのはもちろん、そのほかに多くの店や家庭でもつくられている。

先に紹介したような、私がケンブリッジでつくった自作のサバ寿しに比べるのはおこがましいが、やはり京都で食べるサバ寿しはおいしい。

柿の葉寿しと笹寿し

奈良県南部から和歌山県北部にかけての紀ノ川の流域では、柿の葉寿しがつくられてきた。一枚の柿の葉に包むことのできるほどの、小さな押し寿しである。少量の酢飯に鯖や鮭などの切り身をのせて、柿の葉に包んで押しを加えた寿しで、柿の葉を除いて食べる。紀ノ川を遡って運ばれてきた塩サバなどをご飯とともに食べる方法であり、食べる部分は京都のサバ寿しと同じ組み合わせである。

柿の葉寿しは、保存効果のある柿の葉に包むことによって、数日程度の保存に適するようになる。柿の葉は渋柿が良いとされ、柔らかくするため、あるいは殺菌効果を高めるために塩漬けにすることもあるという。今では近鉄の駅など近畿地方のいろいろなところをはじめ、全国で販売されている。サバのほかに、鯛なども用いられる。

柿の葉に酢飯と各種の魚をのせて、一日ないし数日おいて食べる郷土料理は、石川県や鳥取県にもあり、主として祭礼などの際につくられている。

柿の葉ではなく、クマザサの葉を使った押し寿しは、石川県や長野県・新潟県などにもあり、笹寿しと呼ばれる場合もある。富山県での類似の寿しは鱒寿しと呼ばれている。鱒寿しとなると、明らかに漬物でもなく、また発酵食品でもないが、魚とご飯という組み合わせの点では、鮒寿しや柿の葉寿しと同じである。いわゆる早ずしの一種、あるいは押し寿しの一種である。

通常は、浅いワッパ（曲げ物）に笹を敷き、酢飯を盛ってその全面に薄切りの締めた鱒をのせ、押しをかける。柿の葉寿しや笹寿しと同様に、魚に比べてご飯の量が多い。一～二センチ程度の厚さの円盤状となるのが普通であり、まず笹ごと切り分けて、笹を外して食べる。鱒寿しは、駅弁として販売されるようになって、広く親しまれるようになり、「ますのすし」という商品名で有名となったものである。この点も柿の葉寿しと類似する。

鱒寿しはもともと、富山湾に流れ込む神通川を遡上するサクラマスでつくられたという。酢飯に締めた鱒の切り身をおいて、笹で包んで重しをかけたものが典型的な鱒寿しである。遡上するサクラマスが減少した今では、輸入した鱒が使用されている。

早ずし、押し寿しと熟れ鮨の違いは、発酵の有無であり、はっきりしている場合も、そうでない場合もあって、各地でさまざまな形で発達した。

五、干し柿と干物
——日本各地の名産品

柿の栽培と利用

日本では、柿が古くから食べられてきた。平安時代の『延喜式』にはすでに「干柿子、熟柿子」が記されている。どのようなものであったのかは後で述べるが、古代から食されていた食材であった。

柿は、食材としてのほかにも、きわめて多くの用途があった。柿材は、器や家具などの工芸品、建具や建材などとして重宝される高級材である。

葉は先に紹介した「柿の葉寿し」（奈良県南部・和歌山県北部）や、料理の盛り付けの彩《いろどり》として使用される。

さらに歴史的に重要であったのは、漁網や船あるいは家の外板の防腐のため、さらには傘・合羽などの防水のために使用された柿渋《かきしぶ》（若い果実が原料）であり、日本中で広く使用された。

従って、かつて多くの家に柿の木があったし、今でも至る所にその名残があり、秋になれば赤い実をつける。「柿食へば　鐘が鳴るなり　法隆寺（正岡子規）」などともうたわれ、人によれば郷愁を誘う情景であろう。

例えばまた、今は人気《ひとけ》のない山中に一、二本の柿の木が見つかることがある。調査によってしばしば、そこにかつて存在した集落が廃村となった痕跡、あるいは廃屋の跡を確認することができる。

柿の木は、古来より続く生活の存在を象徴する樹木であることになろう。先の子規の句もまた、日々の穏やかな生活が続く斑鳩の一隅を想像させる。

柿を食べるためには、甘くないと大変なことになる。口中に渋みが広がると、それこそ舌が曲がりそうにこわばる。

大きく分けると柿には、甘柿と総称されるグループと、渋柿のグループがある。いずれにも各地固有の品種や改良種などが多数存在するが、比較的広く栽培されているのは次のような品種である。甘柿では、富有・次郎・御所などであり、渋柿には、平核無《ひらたねなし》・刀根早《とねわ》

写真5－1　富有柿の畑（岐阜県大野市）

生《せ》・甲州百目などの品種がある。

いずれの場合も、春に芽を吹いて葉が広がり、やがてたくさんの白い小さな花をつける。初秋には緑色の実が大きくなって、そのうち赤く熟し、葉も紅葉するのが普通である。農家にとっては、時々の柿の木の様子が農作業の目安となった地域も多い。

果物としての柿は、当然のことながら甘柿と称される種類である。中でも富有は、果実が相対的に大きく、硬い。従って比較的輸送に耐えやすく、最も広く流通している果物用の品種であろう。富有は明治時代、現在の岐阜県瑞穂市で改良された品種であるという。現在の生産量は岐阜県が最も多く（一万三〇〇〇トン）、奈良県（一万一三〇〇トン）がこれに次ぐ。

岐阜県西部ではとりわけ富有の栽培が盛んである。写真5―1のように（九月）、作業を容易に進めるために樹高を低く抑えた柿園が、一面に広がっている様子が見られる。

干し柿の文化的景観

渋柿は、そのままでは食材にならない。渋柿を食用とするには、渋抜き（タンニンを不溶性にする）をする必要があり、その方法が乾燥であった。渋柿の干し柿は、甘柿より甘くなる。

干し柿は早くからつくられていたと思われ、内膳司（朝廷行事の料理を扱う）は正月用に「胡桃子、生栗子、梨子、柑子、橘子」とともに「干柿《ホシカキ》子一合」を準備していた（『延喜式「大膳　下」』）。クルミ・クリの堅果は別として、ナシや柑子《カンシ》・橘《タチハナ》子の柑橘類は生のままであったと思われるが、それらについては果物の章でまとめて取り扱いたい。

どのようなものであったのかは不明であるとしても、ここでの柿は間違いなく干し柿であった。

干し柿をつくるには、まず渋柿の柿畑ないし庭先の渋柿の木から、熟して色づき始めた柿の実を採り、皮をむいて日光に当てて干す。この乾燥過程においてタンニンが不溶性となり、甘みが強く感じられるようになる。南向きに柿を並べてつるした光景を思い浮かべる人も多いだろう。干し柿になると甘くなって、ようやく食材となる。

私が生まれ育った農家には、庭の中（隣接した田の脇も含めて）に、甘柿が合計三本と渋柿が二本あった。子供のころ、甘柿は自分でも採って食べたが、渋柿の方は誰かが（許可を得て）全部採って行った。正月前には、その柿でつくったという干し柿を、一箱もらった。今から思うと、いくつかの農家から渋柿を集め、かなり多くの干し柿を製造している人であった。あの干し柿の箱が、渋柿の代価ないし謝礼だったものであろう。

干し柿は、皮をむいた柿を乾燥させる際に、つるすことが多いので、つるし柿とも呼ばれる。干し柿の表面には白い粉が付着することが多いが、これは柿の糖分が結晶化したものである。なお、甘柿は干し柿にしても渋柿のように甘くはならない。

柿の実の大きさはさまざまであり、従って完成した干し柿の大きさもさまざまである。大きな干し柿が一個ずつ包装される場合もあれば、小さなものが串刺しにされたものもある。また、つるさずに乾燥させた「ころ柿」と称する干し柿もあり、各地にいろいろなものがある。石川県羽咋郡志賀町にはころ柿の名称を付した道の駅があるように、これもか

写真5－2　三社柿の柿園（富山県南砺市）

なり一般的な名称である。一般に干し柿に加工する過程は、しばしば特徴的な景観を伴う。

干し柿生産量は長野県がもっとも多く、福島県、富山県がこれに次ぐ。代表的な干し柿産地の一つが、富山県西部の砺波平野である。南側の山裾に広がる、山田野（現南砺市）と呼ばれた台地上であり、江戸時代に新田開発が進んだ一帯であった。かつては畑作地帯であったが、現在では用水路が整い、圃場整備の行き届いた水田地帯となっている。農家の庭先には、どの家にも柿があり、その点では、日本の代表的な農村景観と共通する。

圃場整備がなされた水田中のところどころに、写真5―2のような柿園がつくられている。柿が列をなして整然と植えられており、柿の収穫にもキャタピラー付の機械の作業台に乗って操作をしている様子を見ることができる。柿は大きな渋柿であり、「三社柿《さんじゃがき》」と呼ばれる品種である。剪定はもちろん不可欠であるが、さらに摘果をして、一本の樹木に六〇～八〇個ほど実るようにするのが秘訣であるという。この作業が、渋柿を大きくするだけでなく、毎年の作柄を一定にさせ、干し柿の生産を安定させるのである。

現在では、このように渋柿の収穫も機械であり、「富山干柿」組合の共同作業場か、個人の機械化された作業場へ運び込まれ、機械で皮をむき、軸に糸を結び（この工程は今でも半手動）、二つずつ竿に並べてつるされる（手作業）。その後、巨大な自動乾燥機に入れられ、干し柿が完成するのである。

各地で伝統的に続けられてきた干し柿づくり用の、家庭の庭先の数本の柿ではない。大量に柿を栽培し、大量に干し柿を生産している商業的な柿園であり、干し柿製造である。

ここの干し柿の一つ一つがやや平たい楕円形で、長径六～七センチほどもある大粒（もう少し小粒のものもある）となる。よく乾燥して表面が白い粉で覆われた、甘い干し柿である。これを数ミリほどの厚さに切って、辛口の赤ワインとともに楽しむのが（伝統的な組み合わせではないが）、一つの楽しみ方である。極上のドライフルーツとワインのマリアージュである。

なお人によっては、柔らかい干し柿や、樹上で熟しすぎた柿のような、あまり干してないタイプのものが好みであるかもしれない。『延喜式「大膳　下」』にも、「干柿子」とともに「熟柿子《ジュクシ》」も記されているので、両者ともに古くから食されていたとみられる。

かつては、渋柿を多くの農家から収穫して、何軒かの熟練の農家がそれを集めて干し柿としていた。もちろん工程はすべて手作業であった。晩秋から初冬にかけて、口絵3ページ上のような「柿ハサ（稲架）」を作って天日で乾燥した。柿ハサは、自宅周辺の日当たりのよい水田に作られた、藁葺きで南向きに開いた、臨時の干し柿小屋である。干し柿生産の文化的景観を代表する施設ともいえよう。

しかしこのような柿ハサは、現在ではこの写真の例だけが残り、他はすでに姿を消した。多くはまず、安定した日差しを確保するために、鉄骨と透明プラスチックで作られた、二階建て温室のような施設へと変化した。ところがこれもさらに、先に述べたような機械化された施設へと変化した。今でも干し柿の乾燥用温室はそこここに残るが、すでに使われなくなっている。

私の子供のころ農家の庭先にあった数本の柿から、後に紹介するイタリア南部のオリーブ園を思わせるような柿園（写真5―2と写真8―6を比べていただきたい）への変化がまず大きい。さらに柿ハサから温室へ、次いで温室から機械化された作業場あるいは共同作業場への変化を語る文化的景観をもたらしている。

干しシイタケ

食材を乾燥させるという工程は、味や食感に驚くべき変化をもたらす。先に述べたカツオ節も、ここに述べた干し柿もそうである。

シイタケもまた、日本中で広く栽培され、また干しシイタケに加工されて利用されている、なじみの深いキノコである。キノコとしてはエノキダケの方が、シイタケより生産量が多いという。しかし、シイタケは生で食材となり、また干しシイタケとしても親しまれている。食材・ダシの両方で、いずれも重宝されているためか、生産額としてはシイタケの方が多い。

シイタケで思い出す経験がある。

二〇一〇年であったか、「樫原の棚田及び農村景観（当時は「樫原の棚田」）」が重要文化的景観に選定された直後に、徳島県上勝町の現地を訪ねたことがある。山間に小さな集落が点在する上勝町では、重要文化的景観としての選定理由となった村の様子のほかに、いくつか驚いたことがあった。

その一つは「いろどり」と名付けられた各種の草木の葉の販売事業である。国交省の事業に応募していち早く全戸にパソコンを配備し、農家にインターネット環境を整備したことが重要なインフラとなり、町が設立した会社「いろどり」が一括して注文を受け、その一部を、ネットを通じて個別農家が受注する。それぞれが、庭先の南天の葉や柿の葉とか、近くの山の楓《かえで》や銀杏の葉などを摘んで会社に集め、それを会社が発送するというシステムである。

各農家は庭先や近くの山にある植物を熟知しているので、個人投資は全く必要なく、またいかに少量の注文であっても応じることができるのが大きな利点であった。生産には、基本的に投資をしていないのである。これらの草木の葉は、レストラン・料亭などの料理を引き立たせる、文字通り彩りとして利用されている。

もう一つは、上勝町にごみ焼却場がなく、町内の何ヵ所かに設置された、二、三〇種類もの分別用容器に分けて、各家庭がごみを出す方式であった。山間なので行き来する道は限られており、各家あるいはその隣家の分なども併せて、車で出かけるついでの折に出せばよいという。もちろん生ごみはすべて自家処分であり、全く伝統的な方法である。上勝町ではそれを、今でも「ゼロ・ウェイスト運動」と名付けて展開している。当時は、いわばそのスタートであった。

上勝町の「いろどり」は、山間で有望な産業がないのを逆手に取った発案であり、「ゼロ・ウェイスト」は小規模自治体ゆえ財源不足で金のかかるごみ処理ができないのを補うことから始まっている。

話がそれたようだ。上勝町でも、かつてシイタケ栽培に着手したという。ところが競合する産地が多くて、産業として根付かず失敗したこと、「いろどり」に成功し、「ゼロ・ウェイスト」を始めたことなどを、当時の町長が語ってくれた。

それほどに、シイタケ栽培は各地で盛んであり、競合が激しい。しかも当時、生シイタケの生産額は徳島県が第一位であった。

シイタケは本来、クヌギやシイ、コナラ、クリなどの広葉樹に生えるキノコである。人工栽培は、原木か菌床のいずれかによる。

原木栽培は、秋から冬にかけて「ほだ木」と呼ばれる一メートルほどに切断した広葉樹の原木を準備し、翌年春に種菌を植え付け、森林の中で菌糸の増殖を待つ。その後ほだ木を、森林の日陰に並べて立てかけ、シイタケの発生を待つ。種菌を植え付けてから一年半ほどでシイタケが生えはじめ、その後数年は収穫ができるという。

菌床栽培はほかのキノコでも行われていて、現在では主流となっているが、ほだ木を使用せず、小さな工場のような施設内で栽培する。

いずれにしろ、シイタケを乾燥すると干しシイタケとなるが、乾燥によって旨味と香りが増す。これを食べるためにも、またダシを取るためにも、干しシイタケはいったん水で戻す必要がある。特にダシを取る場合は、干しシイタケの旨味成分と風味は熱に弱いとされるので、水で戻すことが不可欠である。シイタケのダシは昆布のダシとともに、和食の基本となっている。

一夜干し

干物といえば、アジの開きやカマスの開き、カレイの一夜干しを連想する。さらにスルメ、丸干し（イワシ）なども日常的な食材であり、我々は実に多くの魚を、いったん干してから食べている。鮭もまた、塩をし、寒風にさらして少し乾燥し、塩鮭とすることが多いのである。

干物とすることによって味が良くなったり、食材としての利用範囲が広がったりする場合もある。かつてはとりわけ輸送の面でも干物は非常に有利で、貴重であった。

ところで私は、北陸で生まれ育ち京都で生活しているので、日本海と瀬戸内海の魚がどうしてもなじみであり、好みとなって定着している。

ある時、ドイツ人の日本語研究者の友人と、湯島（東京都文京区）のある店のカウンターに並び、魚の話をしていた。

彼は金目鯛が非常においしいという。私は、金魚を大きくしたような色と形の金目鯛に全くなじみがなく、食べたこともないと言った。ところが家内とともに、ご夫妻の千葉県勝浦の自宅に招待されて、手料理のバター焼きをご馳走になったら、金目鯛は確かに独特の絶品であった。そのころ東京で勤務していたこともあり、在京六年間のうちに、時折金目鯛の煮つけを楽しむこととなった。

そのころ金目鯛の開き（一夜干し）にも関心が向くようになり、東京はもとより、神奈川県の各所でも何回か買って帰ったが、勝浦の金目鯛を超える味には出会っていない。彼は金目鯛を食べるために勝浦に家を建てたのではないかと、今では勝手に疑っている。

さて保存と運送に便利な干物への加工は、古代から行われていた。

先に紹介したように『延喜式』には、「干蛸」や「鯛䐹《ホシ、》（鯛の干物）」、「雑魚䐹《ホシ、》」、「腊《キタヒ》（丸干し）」、「熬海鼠《イリコ》」、「雑魚楚割《スハカリ》、魚球割《スワリ》」や「楚割鮭」などの記載がある。「熬海鼠」と「楚割、腊」についてはすでに述べたが、蛸・鯛・雑魚などの「干、鱐、魚球割、腊」もまた、切り方や形状を別として、いずれも干した魚を意味する。鮭・雑魚の「楚割」とは、魚を細長く切って干したものであった。「球割」とは不明であるが、干物をまとめたか、魚をまとめて固めた干物であろうか。いずれにしても干物は、味を調えるだけでなく、保存・輸送に極めて重要な加工法であった。

ところが『延喜式』には、「干蛸、乾蛸、蛸腊」の語があるが、スルメに相当する語が見つからない。見落としではないとすれば、「烏賊《イカ》」はしばしば記載されているので、それがそのまま生のイカないし醤漬けを意味するのではなく、スルメのような乾燥した状態を意味しているのかもしれない。また「東鰒《あずまのあわび》、隠岐鰒、烏賊各十六斤」などという表現も見られるので、輸送・保存を考えると、アワビ・イカのいずれも干しアワビ、スルメとして貢納されたものであったと思うのが合理的であろう。なお、「隠岐鰒」は隠岐島の鮑、「東鰒」とは関東諸国の鮑の意味であろう。

さて、現在に戻ろう。アジの開きもカマスの開きも、乾燥しすぎて硬くなりすぎても、また塩がききすぎて辛くなってもおいしくない。カレイや金目鯛の一夜干しも同様である。もちろん、イワシの干物のように、硬いもの（特にメザシ）から柔らかいものまで、実にいろいろな干し加減のものがあり、どれを選ぶかは全く個人の好みによるというものもある。

とりわけ朝ご飯の場合、もちろん好みによるが、おいしい干物はとりわけ重要である（と思う）。私は近所で、アジ、カマス、カレイのいずれかのおいしいものを探す（ように家人に頼む）のが日常である。どこの店でも、どんな干物でもおいしいとは限らないからだ。

例えば、ある時静岡県の沼津へ行くことがあって、漁港近くの商店街の専門店で何種類もの、美味でよく知られた一夜干しを買ったことがある。期待にたがわずそれぞれが、なかなか良いレベルのものであった。京都から沼津へ、日常的に通うには少し遠いのが残念ではある。

とりわけ一夜干しは、もともとの魚の鮮度と味に加えて、魚を開いてから塩分を加えるために浸す、塩水（沼津では「しょしる」とも）の塩加減が重要であり、さらに、開いた魚の干し加減もまた非常に重要であるという。なお日本では、干物にほとんど香料を使わないのが普通である。

スルメとクチコ

煎りナマコ（熬海鼠）や干し鰒は、保存・輸送に大変便利であるが、そのまま食べるわけではない。いったん水で戻してから、改めて調理するのである。

これに対してスルメは、水で戻すことは少ない。焼く（炙《あぶ》る）、煮る、揚げるなど、いろいろな形で調理されるが、そのまま軽く炙って食べることが多い。イカの一夜干し（普通スルメとは言わないのではないか）から、よく干した典型的な硬いスルメまで、乾燥の度合いもさまざまである。

縁起を担いで、スルメをアタリメと呼ぶ場合があることも、よく知られている。儀式や神前への供物としてスルメが用いられることも珍しくない。

イカ釣り漁船は、明るい照明灯を大量につけて夜間操業をするので、それが集中する日本海の衛星写真に、大都市のように明るく映っているのに驚いたことがある。

イカの水揚げ港付近では、イカを開いて内臓を出し、竹串などで広げて乾燥する。乾燥は、伝統的には天日干しであり、海を吹き渡る風が良いスルメをつくるという。現在では、室内で火力を使って温度を上げる方法が採用される場合もある。

五〇年ほど前の学生時代、北海道西側の日本海に浮かぶ奥尻島へ調査に出かけたことがあった。イカ釣り漁師の住宅を訪問して、かつての移住時の状況、就業状況の変化などを聞き取るのが目的の一つであった。そこで私が聞き取った人々のすべてが、本人ないしその両親がいったん北海道本島へ入植した人々であったことに驚かされた。北海道へ入植し、定住するという目的が果たされず、そこでの情報によって奥尻島へやってきたと、全員が語ってくれた。

八月下旬の調査であったが、運悪く台風か強い低気圧かによって海が荒れて、唯一のフェリーが欠航した。予定以外に二、三日間、島内に足止めとなった。通常であればフェリーで運ばれてくる筈の食料品が届かなかったが、慣れているのか旅館では、イカの刺身、一夜干しのイカ一匹の焼き物、輪切りにしたイカの煮物、スルメに軽く火を通して裂いたものなど、イカ尽くしの料理を準備してくれた。

組み合わせは変わったものの、それが二日以上続いたと思う。私はイカが好物なので特に困らなかったが、同行した方々には不幸にしてそうでない人もあった。私の嗜好は今でも変わらず、いろいろなイカを食べるが、ヤリイカの刺身があればそれを優先して賞味する。

さて、イカとは別物であるが、クチコに触れておきたい。クチコとは、簡単に言えばコノワタの干物である。「海鼠腸《コノワタ》」が調の品目の一つであり、中男作物の対象でもあったことはすでに述べた。

能登国の調には、「熬海鼠三百卌五斤、海鼠腸六十二斤八両」が含まれていた。仮に一斤六〇〇グラムとして計算してみると、イリコが約二〇七キロ、コノワタが約三八キロもの量となる。大量の海鼠《なまこ》類が平安京へ運ばれたことになる。イリコは乾燥したいわば干物であることはすでに述べた。現在では瓶詰が多いと思うが、コノワタはどうであったろうか。

ご存じの方も多いと思うが、クチコは能登でつくられている干物の名称である。コノワタを広げて干すので、薄い三角形となった珍味であり、極めて高級な肴である。加工の起源はわからないが、能登国は平安時代にすでに重要な産地であった。

ジャコと棒鱈

京都で「ジャコ」とか「おジャコ」といえば、一センチもない鰯などの稚魚を煮あげて半乾燥にしたものである。錦小路（単に錦あるいは錦市場という人もいる）の店先などでは、山のように盛り上げて販売されている。

個人的に、おいしいと思うのは、それを山椒の実などとともに乾煎りしたものである。ジャコそのものの乾燥の程度と味付けによって、おいしさは大きく異なる（好みによる）。朝ご飯や、宴会の後のご飯にのせて食べるのが定番であろう。

ジャコの少し硬い目のものを、キュウリなどの酢の物に混ぜ込むのもよくある調理法である。

いずれにしてもあまりに小さいので、干しかげんなどはすぐにわからない。しかし、これもいちおう魚の干物あるいは一夜干しのたぐいであろう。

ところが棒鱈の方は、大きいけれどもとても魚とは見えない食材である。日持ちのしない鱈（マダラが普通）を三枚におろし、身だけを洗ってそのまま干したものである。一〜二ヵ月ほど乾燥加工して、まさしく木の棒のような外見と硬さになった干物である。輸送には非常に便利な形状となり、まさしく保存食として重宝された。

棒鱈は、昆布と同様に北前船で上方へ運ばれ、正月やお盆の料理の食材となった。輸送に不便な所でも運ぶことのできる棒鱈は、かつては、山間などにおける貴重な食材でもあった。

繰り返しになるが、棒鱈は非常に硬い。酒のつまみにしようとしても、金槌などで叩きほぐさねばならない。

料理に使うには、水で戻さねばならないが、それにも数日を要する。水を代えながら、繰り返しあく抜きをしなければならない。そのうえで丸一日ほど煮込んで味をつけ、旨煮や甘露煮などにするのが代表的な調理法である。

里芋と煮込むのもおいしいが、できれば畑で土をかけて育てた海老芋が良い。旨煮とともに、いずれも京都の小料理屋などに「おばんざい」として並ぶ一品である。

ニシンとカズノコ

カズノコは、正月料理に広く使われる食材である。カズノコは、いったん干したものを水で戻して調理するのが普通である。塩蔵のカズノコもある。単品で食膳に上がるだけではなく、ほかの食材とともにイズシなどにも入れられる。

黄金色の卵が詰まったカズノコの一片は、子孫繁栄を連想させるという縁起物としても扱われる。いつだったか、どんなところかと上野のアメヤ横丁（アメ横）を覗きに行ったことがあった。年末が近づいていた時期だったのであろうか、カズノコを販売している店の多さと、売られているカズノコのあまりの多さに驚いた。

カズノコが鰊《にしん》の子であることは言うまでもない。北海道の日本海側では昭和初期ころまでニシン漁が盛んであった。「鰊御殿」と称される大きな邸宅をかまえて、多くの出稼ぎ漁師を雇った網元の家が今も残る。学生の時、小樽の「鰊御殿」を訪れたことがあるが、詳しくは覚えていない。数年前、「北海道開拓の村」に移築された旧青山家漁家住宅を改めて訪れた。母屋の大部屋の周辺部に、多くの漁師が生活した一畳ほどの空間が並んでいる構造がみられ、建物が現役であったころの様相を推察させる。

北海道のニシン漁獲量が減ってからは、北海や北太平洋のものが輸入されているが、北海道でも留萌市の加工場が復活している。

現在では、ニシンは冷蔵のものもあり、鮮魚もあるが、かつては基本的に干物であった。保存や輸送に耐えられるように、頭や内臓を除き乾燥したものであり、身欠きニシンとも呼ばれる。

京都やその付近では、ウドンとソバを同時に扱う（各種丼もある）伝統的な食堂がある。店のメニューに「にしんそば」があることが多い。ちなみにウドンには「たぬき」と称するメニューがあるが、京都ではキツネウドンの汁がアンカケになったもので、おろした山葵ないし生姜をのせて供されるのが普通であり、特に冬は大変おいしい。ところが「たぬき」は、東京や大阪では天かすウドンや、キツネソバに化ける。

ニシンソバに戻りたい。普通は熱いソバであり、ソバの上に半身のニシンの煮つけがのせられている。身欠きニシンを戻し、改めて煮込んで、味付けをしたものである。

さまざまな干物の例を挙げてみた。我々は、古来より現在まで、こんなにもたくさんの干物を食べてきたことに驚くばかりである。

六、果物と堅果
——日本各地、それぞれの文化的景観

果物

果物は、食後のデザートないし間食として生で食される。生食に限れば日本の伝統的な果物の代表は、カキ、リンゴ、ミカン、ナシ、ブドウなどであろう。生産量からすれば、ミカンが最も多く、リンゴ、ナシ、カキ、ブドウなどがこれに続く。

事物のいろいろな名称を列挙した『和名類聚抄』には、「菓類（果実）」として「柿《カキ》、林檎子《リンゴ》、柑子《カンシ》、梨子《ナシ》」として列挙されている（名古屋市博物館本）。柑子はミカンである。柿については すでに、『延喜式』に「干柿子、熟柿子」が記載されていることを紹介した。いま身近な果物のうち、ブドウ以外はすべて平安時代には出そろっていたことになろう。

いずれにしてもこれらの果物は、それぞれ品種の改良あるいは新品種の導入が重ねられているので、平安時代のものと、現在のものとはかなり異なった味と形であると思われる。「菓類」ではほかに「梅《ムメ》、枇杷《ヒハ》、楊梅《ヤマモモ》、桃子《モモ》、李子《スモモ》、棗《ナツメ》、橘《タチバナ》、柚《ユ》、胡頽子《クミ》（茱萸《ぐみ》）」や、堅果では「栗子《クリ》、椎子《シイ》、杼《トチ》」など、現在でもなじみの果物や堅果のほとんどが出てくる。椎はドングリと総称される木の実の一種、杼は橡・栃の文字をあてられることが多く、トチ餅などに加工される。ただしシイ・トチともに、食材としてはあく抜きの工程が必要な堅果である。

古代における神祭の、貴族・官人への「雑給料」などとして実際に支給されていた果物は、すでに述べた柿および「橘子」であり、かんきつ類では、橘子が柑子よりはるかに頻出する。また、雑給料に供される堅果は「栗子、椎子」などであった（『延喜式』「大膳 上」）。

我々の身近な野菜（果物とみるほうが一般的）であるスイカやメロンの伝来は新しいが、果樹ではないものの基本的に生食であるし、ウリも種類によるが生食用、煮物用、漬物用などがある。ウリは、やはり『和名類聚抄』「蓏類」に、「瓜、冬瓜、胡瓜」など九種類の瓜の名称が記され、加えて「茄子《なすひ》、郁子《むべ》、蔔子《アケヒ》」などの名称もこの類型の一部に記されている。郁子についてはすでに紹介した。

生産量の多い、代表的な果物を挙げてみたい。リンゴの栽培地は、本州中央部から北のやや冷涼な気候の地域に多く、青森県、長野県、岩手県、山形県などが主要産地である。ミカン（蜜柑とも表現、ウンシュウミカン）は逆に南に多い。ミカンの生産量は和歌山県が一番多く、愛媛県、静岡県がこれに続く。

すでに述べたカキは本州から九州まで広く栽培されているが、和歌山県、奈良県など、どちらかといえば南の方の生産量が多い。

ブドウもまた、北海道から九州まで広く栽培されているが、外来品種が多い。生食用として我々に親しみがあるのは、巨峰、ピオーネ、マスカット・オブ・アレキサンドリア（通称マスカット）、マスカット・ベリー、デラウエアなどであり、マスカット・オブ・アレキサンドリアとデラウエアは干しブドウ用としても代表的品種である。

醸造用も含めて、ブドウは山梨県、長野県、山形県、岡山県などの生産量が多い。ブドウについては改めて後に取り上げる。

まずミカン畑とリンゴ園を眺めてみたい。

斜面と石段のミカン畑

二年ほど前の一月中旬、数日のゆとりを得た機会に愛媛県西予市へ出かけたことがある。「宇和海狩浜の段畑と農漁村景観」として重要文化的景観に申し出をした地域を見学に行こうとしたのである。寒い季節に北へ行くことはないだろうという、思えば安易な判断であった。

松山に宿泊した日にすでに寒かったが、翌日、予讃線を南（北ではない）へ行くにつれてもっと寒くなり、宇和島で投宿したときにはすでに雪が降り始めていた。翌日、西予市の担当者に迎えに来てもらい、宇和海の法花津湾北岸にある狩浜へ案内していただき説明を受けた。

南国のミカン畑を見学するのが目的であったが、思いもよらぬ雪景色であった。当日、八幡浜駅以南の予讃線が不通となっていたので、車で八幡浜駅まで送っていただいた。

初めて知ったが、冬の北西季節風が時に関門海峡を抜けて、宇和海沿岸に積雪をもたらすことがあるのだという。運悪くその積雪に遭遇したことになるが、その後、テレビの天気予報の衛星写真が気になって、しばしば天気予報を点けた。確かにその冬、放映された衛星写真に、二度ほど関門海峡から雲の筋が宇和海に入っているのを見た。

さて狩浜のミカン畑である。写真6—1のように、湾に面して集落があり、背後の斜面

写真６－１　斜面のミカン畑（愛媛県狩浜）

写真６－２　愛媛県狩浜のミカン畑と石段

は一面のミカン畑である。何本かのハゼの木があったので確認したら、かつて蠟《ろう》を採取するために栽培していた名残であるという。集落にはハゼ倉も残っている。

狩浜ではかつて、イワシ漁が盛んであったという。自給作物として小さな棚田がつくられ、段畑にサツマイモが植えられたという。段畑の中には多くの井戸跡が残り、時にイワシの魚肥を蓄えた「ノツボ」跡もある。

明治時代にはイワシが不漁になり、段畑は桑畑となって人々の生活を支えた。集落には桑納屋や、養蚕をした建物が残っており、このことを物語る。

戦後の一時期、イワシ漁が豊漁となって半農半漁に戻ったが、それも続かなかった。一部の漁師は、真珠養殖やシラス漁に転換して海の生業を維持したという。しかし多くの人々は、一九五〇年代後半ごろから山腹斜面のミカン栽培に転換した。

このような山・里・海が一体となった生業の在り方や関わりが、「段畑と農漁村景観」という選定名称となったものであろう。

ミカン畑は、写真6―2のように段畑時代の石灰岩の石積からできている。石灰岩は酸性になりがちな土壌を中和し、海からの潮風もミカン栽培に適しているという。

ミカンは狩浜では、試験的な栽培も含めていろいろな品種が植えられているのが特徴である。収穫時期をずらすことで、労働力を分散する目的があるという。ジュースにも加工される。

かつて、私が初めて果汁一〇〇パーセントのジュースを飲んだのは、愛媛県産の「ポンジュース」だったと思う。

ウンシュウミカン

ミカンの種類は多い。例えば、旧伊予国（愛媛県）の名を冠した「イヨカン」は、ミカンとブンタン（ザボン）の交配によってできたとされてきたが、ゲノム解析では別の交配種とされる。

ミカンは、ミカン類（紀州ミカン、ウンシュウミカン、ポンカンなど）、雑柑類（イヨカン、夏ミカン、八朔《はっさく》など）、香酸柑橘類（スダチ、ダイダイ、ユズなど）、ブンタン類（ブンタン）などに類別される。

平安時代に、橘、柚が見えることはすでに述べたが、『和漢三才図会』（一七一二）には、「紅蜜柑、夏蜜柑、温州橘、無核蜜柑、唐蜜柑」などの名称が記載されている。このうち、無核蜜柑がウンシュウミカンを意味する可能性もあるというが、これらの名称と、すでに列挙した現代のミカンとの対応は必ずしも明らかではない。

さて紀州ミカンは、中国から九州八代地方（熊本県）へ伝わり、一五〜六世紀ごろ、そこから紀州有田（和歌山県有田市）へ伝わって広く栽培されるようになったという。紀州ミカンは「小ミカン」とも呼ばれて小さいが、皮の内側の各房に種があって、種のないウンシュウミカンとは異なる。

ウンシュウミカンの方は、八代に近い鹿児島県長島町が原産地だとされ、紀州ミカンと近いDNAが確認されている。発見された古木の調査によって、原木は四〇〇〜五〇〇年前に発生したとみられている。

このウンシュウミカンの古木もすでに接ぎ木がなされていたというが、現在でも増殖は接ぎ木による。カラタチが台木に使われるのが普通である。

すでに述べたように、ミカンは和歌山県が最大の産地である。特に有田川流域や有田郡に多く、有田ミカンの呼称がある。かつての紀州ミカン（小ミカン）ではなく、大半がウンシュウミカンである。

有田ミカンは有田地域に約三四〇〇ヘクタールの栽培面積があり、排水の良い傾斜地が多く、地質に対応して栽培が行われているという。斜面の石垣は、保温・排水・日光の反射効果があって、いずれもミカン栽培に良い影響とされる。

しかし山腹の急傾斜地のミカン畑は、先に紹介した西予市の狩浜地区と同様に、農作業は厳しい労働となる。そこで、急斜面に小規模なレールを敷設（モノレール）するのが一般的である。エンジン付きの台車で農具や肥料を上に運び、また収穫したミカンを下におろす際にも使用されている。

ミカンは、白い花の咲く五月までに剪定・施肥がおこなわれ、花が終わって実が付くと摘果をおこなう。九月に色づく極早生、一一月収穫の早生、一二月収穫の中生・晩生などがある。

晩秋には、見上げるような斜面に広がるミカン畑の緑と黄色い実のコントラストが美しい。さらに、そこを這い上がるように敷設されたモノレールの軌道が、目に付く景観の要素である。

ただし最近ではさらに品種改良が進み、平地の温室で栽培するミカンも多く、露地のミカンより早く市場に出回る。

平地に広がるリンゴ園

写真6－3　平地に広がるリンゴ園（長野県）

ミカン畑が山腹の急斜面や丘陵上にあることが多いのに対し、リンゴ園は平坦地に広がっていることが多い。生産量が最も多い青森県の津軽平野でも、これに次ぐ長野県の善光寺平でも、リンゴ園が存在するのはいずれも平坦地か、緩やかな傾斜地ではあっても急傾斜地ではない（写真6―3参照）。

さて『和名類聚抄』に「林檎《リンゴ》子」が見えることはすでに述べた。このリンゴは、中国経由で伝わった小粒の、いわゆる和リンゴであろう。

これに対して、西洋リンゴは幕末ごろに伝わった。安政元年（一八五四）にアメリカからもたらされた木が板橋の加賀藩下屋敷で栽培され、文久二年（一八六二）福井藩下屋敷でも栽培されていた記録がある。

明治四年（一八七一）には、明治政府の命でアメリカから「国光」等の苗木を持ち帰り、当時の開拓使が設置した農業の試験・普及機関、七重官園《ななえかんえん》（北海道七飯町）に植栽した。栽培が軌道に乗ったのは明治二〇年代だという。

青森県のリンゴ生産量は四〇〜五〇万トンに及び、約半分が「ふじ」であり、「つがる」、「王林」、「ジョナゴールド」などがそれぞれ一割程度という。ふじは国光とデリシャスがもととなり、つがるとジョナゴールドはゴールデン・デリシャスと紅玉、王林はゴールデン・デリシャスと印度がもととなったとされる。アメリカでできたジョナゴールド以外は、日本でつくられた品種である。

リンゴは、一〜三月に行われる剪定が最も重要な作業だとされる。樹の内側まで日光が届くようにするのが基本という。

五〜七月ごろ、まず中心の花を残して周りを摘み取り、マメコバチか人の手で受粉し、中心花についた幼果の中からさらに中心果を残す（摘花・受粉・摘果）。

六〜一〇月ごろ、リンゴに袋をかける（袋かけ）と、枝に支柱を入れて大きくなる実の重さに耐えられるようにする（支柱入れ）。実が十分に大きくなると袋をはぐ（除袋）。

袋の中ではリンゴは緑のままなので、除袋は実を「着色」させるためである。驚いたことに、日陰をつくる葉の一部を撤去（葉摘み）したり、実の向きを変えたり（玉まわし）さえする。さらに実の下側に日光を当ててまんべんなく着色するために、地面に反射シートまで敷く。

九～一一月ごろに収穫であるが、すでに寒くなりはじめ、完熟してリンゴの中心に蜜が濃くなる（蜜入り）。

これらのリンゴは、品種によるが、直径は一〇～一五センチほどあり、非常に大きい。またいろいろな作業に便利なように、樹高が低い品種へと改良され、さらに低い枝が伸ばされている。写真6―3のように、重いリンゴの枝を支えるために多くの支柱が準備されるのが特徴である。

大きなリンゴ

日本で栽培されているリンゴの最大の特徴は大きさであるかもしれない。とりわけ陸奥《むつ》に初めて遭遇した時、直径一五センチほどもある、その大きさには驚いた。ところがかつてヨーロッパで見たリンゴは小さかった。五〇年ほど前初めてヨーロッパへ行った時、ドイツとスイスの各地を訪れた。露天の市場に並ぶリンゴも、スイスの田舎の背の高い街路樹になっているリンゴも、非常に小さいものが多かった。私には、栽培しているというよりは、自然に生えているところから採取してきた天然ものののように思えた。

若いころ、ヨーロッパへは毎回夜行便で飛んだ。しばしばジェットラグ（時差ぼけ）を解消するのにてこずったことを思い出す。ある時、フランクフルト空港に早朝に到着し、荷物を持って市内のホテルへ行ってもまだ午前八時ころであったことがある。部屋に入っては眠ってしまうので、フロントに荷物を預けてそのまま旧市街の見学に出かけることとした。

フランクフルトの旧市街はマイン川北岸にあり、もともと星形のような突出のある城壁で囲まれていた。旧市庁舎のあるレーマー広場やゲーテハウスを見学したり、マイン河畔のロマの人たちの露店を覗いたりして昼ころとなった。広場を見学した時にテーブルと椅子を出していたので、何かのイベントの準備をしているのだと思ったが、昼食をとろうと広場へ戻ると、そこでにぎやかに始まっていたのは、「アッフェル（アップル）ワイン・ガルテン」という看板と、仮設舞台上の歌と踊りであった。

それぞれのテーブルでは誰もが大きなジョッキを傾けていたので、私も同じものを注文した。アップルワインとメニューにはあったが、私には少しまずいビールのように思えた。飲みなれないからおいしくないのかもしれないのかと思って、追加の注文をした。結局、大きなジョッキを二杯空けたがやはり印象は変わらなかった。やむなく広場の周辺にある典型的なビアホールに入り、今度はイメージ通りのおいしいビールに巡り合った。

ところが今度はこちらが出来上がってしまい、何とかホテルへ戻ったのはまだ午後三時ころであった。しかし部屋に入ると、ベッドに倒れこむようにして眠ってしまい、夜半には目が覚めてしまった。またしてもジェットラグの解消に失敗したのである。

アップルワインにはなじめないままであったが、後になってイギリスのシードルが似たものであることを知った。学生たちがよく飲んでいたのである。

リンゴといえばアップルパイがよく知られている。イギリスでは、しばしば焼きリンゴという調理法にも出会ったが、個人的にはこれにもなじめないままである。しかしイギリスではリンゴだけではなくトマトも焼き、こちらの方は捨てたものではない。

朝食は全粒パンのカリカリのトーストにオレンジマーマレード、それに焼きトマト、マッシュルーム炒め、焼きソーセージというのが、イギリスでの私のイングリッシュ・ブレックファーストである。

「ナシ」と「ペア」

先に紹介したように、メルボルン大学でビートルルート入りサンドイッチと苦闘していたころ、キャンパスには、毎日であったかどうか確認していないが、果物と野菜の露店が店開きをしていた。いずれも農家と思われる人物の店であった。

果物店の方にはリンゴもあったが、日本で見られる国光や紅玉などと同じような大きさであった。ところがその横に、「NASHI（ナシ）PEAR」と走り書きされた紙片と、まぎれもない日本の丸いナシがいくつかあった。もちろん洋ナシも別に売られていた。当時、洋ナシ（ペア）は知っていても、日本のナシ（和ナシ）を知らないオーストラリア人が多かったからであろう。従って、和ナシを知らない人々へのサービスが必要だったのであろう。

買うわけでもないのに隣の野菜の露店も覗いてみたら、いろいろな野菜がいずれも同じ青いビニールテープで束にされていた。葉に隠れて見えにくいものもあったが、アスパラガスのテープがたまたま目に入った。なんと漢字で「新鮮野菜」と記されていたのである。気になったので改めてほかのテープを見直しても同様であった。しかも明らかに中国の活字スタイルではなく、日本語の活字であった。

この農家は、新鮮野菜を日本に出荷するためにビニールテープを準備したか、たまたま購入したビニールテープを、文字を気にせずに使っていたものか、のいずれかと思われる。オーストラリアではありがちなことではある。

そのころ、ほかの日本産の果物も入っていたようである。友人の教授宅で、デザートに出されたのが、ナシのような果物の赤ワイン漬をオーブンで加熱し、冷やしたうえでアイスクリームをのせたものであった。日本産だと明かしたうえで、何か当ててみよ、とのことであった。かなり考えて、カリン（花梨）に思い至った。

私の郷里の家の庭にはカリンが一本あり、淡いピンクの花が咲き、楕円形のナシのような実がなる。カリンを部屋に入れておくといい香りがするが、硬いので、カリン焼酎ぐらいしか調理法を知らなかった。ある時思い立って、教授に聞いたレシピでつくってみたら、意外においしかった。

カリンはほとんど食べないが、ナシは好物である。日本のナシには二十世紀に代表される「青梨」と長十郎などの「赤梨」系があって、かつては輸出も盛んであったという。オーストラリアで巡り合ったのもその一部であろう。生産量は千葉県など東日本四県が多く、鳥取県がそれに次ぐ。

かつて、郷里に近い呉羽丘陵（富山県）にできる「幸水」が出回るのを楽しみにしていた。もちろん「二十世紀」もおいしい。今ではそれらの長所を組み合わせたような品種も出回っている。

農家の梅と栗

またしてもいきなり回想に類することになるが、故郷の私の家の屋敷林に何本かの柿の木があったことはすでに紹介した。実はそのほかに梅の木も二本あった。今は一本が老木、一本が代替わりした若い木である。

第一章で紹介したように、近所の農家にもやはり柿・栗・梅など、いろいろな果実のなる木があるのが普通であった。ところが私の家には、柿・梅のほかは茱萸《ぐみ》と木通《あけび》だけで栗がなかった。ある時母親に聞くと、栗の花の独特の匂いが嫌なのだとのことであった。

梅は、言うまでもなく菅原道真の歌でもよく知られ、『和名類聚抄』でも柿とともに、「梅」が挙げられていることはすでに述べた。

さて梅は、春よい香りの花を咲かせ、夏ごろにはたくさんの青い実をつける。それを採って、塩・紫蘇とともに甕《かめ》に入れ、梅干をつくるのが、我が家の毎年の恒例であった。土用のころ母は、庭に台を置き、その上に竹の簀を敷いて梅を並べていた。毎日、昼前に甕から梅を出して日光に当て、夕方までにまた甕に戻していた（何回やっていたのか覚えていない）。日中には、まさしく梅干の酸っぱい匂いが庭中に漂い、開け放った家の中にも充満した。私はそのころからどうも梅干が苦手になり、現在でも敬遠している。

和歌山県の南高梅は大変有名であるが、私は花が咲く春しか、田辺市へ行ったことがない。思い過ごしかもしれないが、夏になると梅干の匂いが町全体に漂っているような気がするのである。

実は、個人的に敬遠しているものはまだある。

子供のころ、小学校から帰ってきたり、遊びから戻ってきたりした時、無性に腹がすいておやつを探すことが多かった。一九五〇年前後のことである。母はそれを予測して、サツマイモの収穫期にはそれを蒸し器に、カボチャが採れた時もはやりそれを大きな鍋に、いずれもすぐ食べられるようにしてくれていた。その時は毎日のようにそれを食べて、それなりに満足していた。ところが今では、そのサツマイモとカボチャにはどうも手が出ない。すでに食べ過ぎたのであろうか、なんとなく飽食後の胸焼けを思い出す。

これらに対して、私は今でも栗が好物である。どちらかというと甘いものより酒を選ぶ方だが、丹波栗を使った菓子ならば時に見境なく手を出す。夜のワインにも焼き栗は好適である。子供のころに食べなかったわけではない。友人の家にも母の実家にも栗の木があって、十分に楽しんだ記憶がある。要するにいずれも勝手な好みなのであろう。

栗は古代の遺跡からも出土する堅果である。歴史的にも、保存のきく重要な食糧であったことは言うまでもない。先に魚介類について紹介した『延喜式』は、栗についても規定している。「中男作物」として「生栗子、平栗子《ヒラクリ》、搗栗子《カチクリ》」を挙げている。

丹波国や但馬国、因幡国、美作国などは「平栗子、搗栗子」ないしそのどちらかを輸しており、「雑給料」として「生栗子、平栗子、搗栗子」を官人に給したことも記している。「生栗子」は生の栗、「搗栗子」とは、干して臼で搗《つ》き、殻と渋皮を除いたものであろう。「平栗子」とはどんな栗ないし加工であろうか。

いずれにしても丹波国のみが、「平栗子」と「搗栗子」の二種類の栗、ないしその加工品を輸しており、丹波栗の生産の歴史は長そうである。

寺社の銀杏

農家でも銀杏《いちょう》は、屋敷内にあることは珍しいであろう。ただし例外はあって、愛知県稲沢市祖父江町は町中が銀杏にあふれている。生産量も非常に多く、秋は鮮やかな黄色に彩られて観光客を集めている。

また誰でも見たことがあるように、葉が校章のデザインになっていることで知られる東京大学構内の銀杏の並木は、非常に有名である。京都大学農学部の門への道にも銀杏並木がある。大学であれ、街中であれ農村集落であれ、秋になると葉があざやかな黄色に変わる、背の高い銀杏はとりわけ目立つ存在である。

銀杏《ぎんなん》は、実の果皮を取り除いて、殻に覆われた種を乾燥させる。それを炒って殻を外し、淡い緑の実を塩で食べると非常においしい。また、茶わん蒸しや、ガンモドキ・煮物などの具に加えられることもある。京都の場合、錦小路の商店には、白い殻をつけたままの銀杏が山盛りにして販売されている。

問題は白い殻を覆う果皮であり、これは食べられない。落下した実の果皮が潰れたり腐ったりしたとき、あるいは実を土に埋めたり水につけたりして果皮を腐らせ、取り除くときの強烈な匂いは、できれば嗅ぎたくないほどだ。

銀杏はしばしば寺社の境内やその近くに植えられ、大木となっていることがある。実が熟して黄色となる寸前は、直径一センチほどの緑の球である。

またしても私が小学生だったときを思い出す。故郷の村には、近所に六人の男子の同級生がいて、一緒に学校から帰ってきた折に、その事件は起きた。神社境内にあった大きな銀杏が切り倒された直後であった。おそらくその日の作業が終わり、そのまま放置されていたのであろう。見てみると、手ごろ（？）で丸い、まだ緑色の銀杏が無数についていたのである。運よく、大人は誰もいなかった。

早速、全員がランドセルを放り出し、倒れた木を挟んで両側に分かれて実をぶつけ合った。適度に硬いものの怪我をするほどではなく、存分に投げ合って非常に楽しかったことを、今でも覚えている。夕方、十分に満足してそれぞれ帰宅した。

事件はそれからであった。夜になると顔や腕がかゆくなり、朝には真っ赤になっていた。若い銀杏の実から出た果汁にかぶれたのであった。この事件以来、若い実に注意するようにはなったが、炒った銀杏は今も好物である。

寺社や公園などの銀杏はそこここで、目と舌で季節を楽しみたい近隣の人々を集めている。

七、いろいろな畑と養殖
——京都・淡路、群馬・滋賀、熊本・金沢、瀬戸内海・有明海

見通しの良い竹林

京都西郊、嵯峨野の竹林は人気の観光地である。林立した竹林の中を通る、竹垣で囲まれた散歩道をたどる観光客は非常に多い。本来、竹材として使用するのが目的であったので、嵯峨野の竹林は基本的に常に手入れがなされているが、密集して林立しているのが特徴である。

竹は極めて繁殖力が強い植物であり、管理されなくなって放棄されれば、人が立入ることのできないような密集した藪《やぶ》となる。地下茎を伸ばして毎年春に筍が出ると、数週間で成竹となるので、竹林の広がりも極めて早い。植林された杉林などであっても、竹林が進出すればほどなく立木が孤立し、やがて枯死することとなる。

竹の若芽である筍は、和食になくてはならない食材となる。竹と笹の種類の多さを反映して、筍も種類が多いが、いずれも季節の限られた食材である。野生の山菜として採取される笹類の筍もあれば、丁寧に手入れされた竹林で採取されるものもある。京都の都心にある、マツタケや筍など季節の食材を扱う店舗にも、春ともなれば竹籠に入れられた筍が並ぶ。ただし、すぐ手が出ないほど高価であることが多い。

ちなみに、やや遅れて各地の一般の店頭に並ぶ筍は、大きくてリーズナブルな価格であろう。九州には特に福岡県、鹿児島県、熊本県など筍産地が多い。

さて、京都西郊の長岡丘陵とか向日丘陵と呼ばれる台地は、春の食卓をかざる高級な筍の産地である。竹は孟宗竹であり、京都盆地における栽培は一八世紀前半に綴喜郡（京田辺市、城陽市など）で始められたという。寛政年間（一七八九〜一八〇一）に乙訓郡（長岡京市、向日市など）へ移植された。

京都西郊の筍のような高級な食材として収穫される筍を育てるには、大変な手数がかかる。もっとも大変なのは、五年に一回程度行う、土を入れ替える作業である。従って一軒の農家で経営できるのは、〇・五ヘクタールほどが限界だという。

土の入れ替えとは、まず一定の間隔（二メートル余り）をあけて中心となる竹を残し、

写真７－１　見通しの良い竹林（京都西郊）

残りの部分を一メートル余り掘り下げ、地下茎と土を一旦除いた上で、藁と土を交互に敷き詰める作業を施すのである。このようにして手入れされた竹林は、写真７―１のような密度の低い、見通しの良い竹林となり、ホリヤブと呼ばれる。ちなみに先に述べた竹材用竹林はタテヤブと呼ばれる。

さらにこのような筍畑の竹は、筍がほぼ伸び切った段階で先端を落とすので、遠くから見ても筍用と竹材用を見分けることができる。

春、筍が土を少し持ち上げた時点で見つけて、非常に柔らかい段階で掘り取るのである。その際には細長くて平たい鋤《すき》が使われるが、多くの場合、それぞれの農家によって使いやすいように加工が加えられている。向日市文化資料館には、少しずつ異なった多くの筍掘り用の鋤が収蔵され、展示されている。

このように手入れされた竹林は、まさしく筍畑である。明治時代に地目が設定された時、筍畑は畑となり、竹材用の竹林は山林となった。

京都西郊（洛西）の筍であれば望外の幸せであるが、そうでなくても筍はおいしい。料理法を挙げるときりがない。京都西郊には筍料理の老舗料亭があり、筍尽くしのコースもある。個人的には特にワカメとの炊きあわせがよい。料理としては定番の、いわゆる「ワカタケ煮」である。

玉ねぎ畑と乾燥小屋

玉ねぎの全国生産量は約一三二万トンに上り、地中で大きくなる作物ではジャガイモの半分ほど、ニンジンの約二・二倍の量である。

また玉ねぎは、いろいろな料理に使用される食材でもある。北海道が生産量の六割以上を占め、これに次ぐ佐賀県や兵庫県は、それぞれ一〇パーセントと八パーセント前後である。中国などからの輸入も多い。

ちなみに、ジャガイモは北海道、鹿児島県、長崎県など、ニンジンは北海道、千葉県、徳島県などの順であり、いずれも北海道が最も多い。北海道の中では、ジャガイモが帯広市や網走市に、ニンジンが帯広市の北の音更町《おとふけちょう》、玉ねぎは網走市と隣接する北見市が多い。

さて玉ねぎは、価格変動の大きい作物であることが知られている。農作物であるから、価格が収穫時期とそうでない時期とで異なるのは当然であろうが、それだけでなく年による変動も大きい。季節や年次によって、四〜五割も変動する場合があることも珍しくないとされる。

五〇年ほど前の大学院生のころ、当時は主要産地の一つであった泉州（大阪府南部）へ、先輩の農家調査の補助に行ったことがある。玉ねぎ畑が広がり、その中のところどころに、屋根だけで壁がない、玉ねぎを中につるして乾燥する小屋がある農村地帯であった。

農家を訪れてまず初めに、こちらから「玉ねぎを栽培されていますか」といった質問をした。それに対して農家の方は、「玉ねぎで勝負してまっか（大阪弁）」と質問するように、との大阪らしい返答だったことが、非常に印象的であった。ただし、高値で成功して上機嫌だったのか、その反対で苛立っていたのかどうかは記憶にない。その当時から、玉ねぎは価格変動の大きな作物であった。

玉ねぎ栽培については、もう一つ記憶に残っている話がある。一九九〇年ころのことである。学生の調査実習で教員として淡路島に出かけた時だが、そのころ近畿地方では、すでに泉州から淡路島に主産地が移動していた。

玉ねぎ栽培農家が多い中で、玉ねぎでなく花卉栽培をしている農家があったので興味を持った。そこで、花の方が玉ねぎより有利なのかと思い、花卉栽培の詳細について質問するとともに、このことについて尋ねてみた。

意外なことに返答は逆で、玉ねぎの方が労力も少なく実入りも良いということであった。それではなぜと質問を重ねると、玉ねぎ栽培は印象が良くないらしく、後継者の息子にお嫁さんが来てくれないという。花卉栽培に転じてから、お嫁さんが来てくれたというのである。真偽のほどはわからず、本音かテレかは不明であった。

ずっと後、平成二五年（二〇一三）に「日根荘大木の農村景観」（大阪府泉佐野市）が重要文化的景観に選定された。その申し出に向けて報告書をつくっていた時には、すでに泉州に玉ねぎ畑はなかったが、使っていない乾燥小屋が残っていた。地元の人々とも調整して、重要文化的景観を構成する要素に加えた。かつての生業の痕跡であり、それを物語るものであった。

コンニャク芋畑

かつて、黒井峯遺跡（群馬県渋川市、旧北群馬郡子持村）の見学に行ったことがある。榛名山の噴火によって、麓にあった古墳時代後期の住居や家畜小屋、周辺の畑などが、すっぽり火山灰に覆われていたのである。当時の集落の詳細が判明した点で画期的な発掘調査であった。非常に興味深い遺跡の内容とは別に、その時に近くで目にしたコンニャク（蒟蒻）芋畑が忘れられない。

火山灰というか、ほとんど卓球の球のような軽石の厚い堆積層の上の、薄く堆積した表土に、コンニャク芋が植えられていたのである。コンニャク芋は、排水が良い土地で、日差しが強くない場所に向いているとは聞いたが、まるで軽石の上で栽培されているような様子が驚きであった。

写真7―2は滋賀県永源寺（東近江市）のコンニャク芋畑である。植えると三年ほどで、小さめのカボチャのような形の芋ができる。コンニャクの畑や芋からは、食材として調理されるコンニャクのイメージにとても結びつかないと言わざるを得ない。

コンニャク芋は、シュウ酸カルシウムという劇物を含んでいるので、そのままでは食べ

写真7－2　コンニャク芋畑（永源寺相谷町）

られないという。実際の食材となるまでの過程において、加工が不可欠なものの典型がコンニャクであろう。

コンニャク製造は数段階からなる。まず、コンニャク芋を乾燥する。その後に臼で搗いて粉にする。さらに、その粉をぬるま湯に溶き、かき回して放置する。そのうえで草木灰や炭酸ソーダ（凝固剤）などを加えて、箱型に流し込む。さらに一昼夜おいて、ようやくコンニャクが完成する。さらにそれを、板コンニャクや白滝・糸コンニャクといった製品に成形する。

こうして初めて食材となるが、白いままのものや、黒い海藻を入れたものなどがある。群馬県が最大産地であり、中山間地帯が特に多い。

ほかにもコンニャク芋の産地は多いが、滋賀県では伝統的に、近江八幡市を中心に「赤コンニャク」が食べられている。食品添加物の三二酸化鉄を加えたものである。織田信長の派手好みとか何とか、いくつかの伝承らしきものが語られているが実証できないという。最初に見たときは誰でも驚くが、味は特に変わらない。刺身でも食べられている。

このように手間をかけて加工しても、ほとんどカロリーの摂れないコンニャクを我々が食べてきたのはなぜか、と、かつて疑問を感じたことがある。医学者に尋ねたら、人間は消化できないが消化できる動物もいるということであったが、疑問への答えにはなっていない。ようやく理解できたのは、おなかの調子を整える、いわば整腸剤としての役割のためなのだという看護師の説明であった。

近年は、カロリーの少ない食材であることを逆に利用し、美容食として肥満防止に活用している場合もある。

蓮田(レンコン畑)

コンニャク芋が山間あるいは高燥地の作物の典型例であるとすれば、その対極にあるのがレンコン（蓮根）であろう。漢字の字義通り、蓮の根であり、典型的な湿地の作物である。水玉が転げる大きな葉や、見事な花が仏教の説話と結びついていること、仏像の蓮台のモチーフでもあることなどは言うまでもない。先に説明した会社「いろどり」では、蓮の葉を料亭の盛り付け用に供給している。レンコンは、その蓮の根茎である。

レンコンが育つのは泥田であり、歴史的には蓮田《はすだ》と呼ばれることが多かった。従って、低湿地の多いところが生産量も多い。作付面積や出荷量は茨城県が圧倒的に多く、徳島・佐賀・山口各県がこれに続く。それぞれ、利根川下流の霞ケ浦やその周囲などの沼沢地、吉野川下流の低湿地、有明海北岸の低地や干拓地など、錦川下流の低湿地（岩国市）を県域に含んでいる。

かつて佐賀県では、佐賀城の濠や平野南部の集落を取り巻く掘割が蓮で埋め尽くされていたのを思い出すが、二〜三年前に佐賀県を訪れたときには全くなくなっていた。ある集落で聞いたところ、特定外来生物のミシシッピアカミミガメが増殖し、蓮の芽を食べてしまったのだという。本来の蓮田は大丈夫なのであろうか気になる。

ところで写真7—3は、加賀レンコンの産地の様子である。生産量は前述の四県に及ばないが、金沢市北東郊から河北潟にかけての低地に蓮田が広がる。加賀レンコンの特徴の

写真7－3　加賀レンコンの葉と花

一つは、色の白さにあろう。「支那白花」という品種は、写真のように白い花が咲き、蓮の根も白い。さらに、白さを保つために掘り取ってから日光にさらさない工夫が凝らされているという。

食材としてのレンコンの用途は広いが、白い加賀レンコンの場合は、煮物・揚げ物だけでなく、サラダや「白酢あえ」、さらには「とろろ」にして魚と合わせることもあるという。八～九月の新レンコンをそのまま食べる人もいる。果物の梨のような感覚であろうか。

加賀レンコンは、加賀料理の「はす蒸し」ともなる。京料理の「かぶら蒸し」を思わせる一品である。

写真7－4　レンコンのビニールハウス（熊本市）

レンコン料理で有名なのは、熊本の「からしレンコン」である。やはり熊本名物の馬刺しが苦手な私も、からしレンコンは好きである。穴にからしが入っているという形も面白い。

九州へ出かけた折に、熊本の蓮田を見ようとしたことがある。有明海の東側、島原湾岸の干拓地がレンコン産地だと聞き、白川下流へと向かった。蓮田は見つからず、写真7―4のようなビニールハウスや、蓮田ならぬレンコン畑があった。

用排水が完備した干拓地では、収穫が終わって水を抜いたあとはまさしく畑であり、蓮田の印象はない。冬であったので、写真のように枯れて折れ曲がった蓮の茎が見られるだけである。

レンコン栽培は実入りが良いのであろうか、

ビニールハウスまで設営してレンコン畑を経営する農家のたたずまいは、いずれも立派だったのが印象的であった。

ハマチ養殖の生簀群

和食は、米・野菜・魚が中心的な食材である。米はいまさら解説するまでもないだろう。野菜は一般に、本来自生していた野生植物を食用として採取していたものが、栽培によって野菜として収穫されることとなったものであり、現在では初めから作物として導入された品種も多い。すでに紹介した稲作をはじめ、筍やコンニャク芋も栽培作物の一種であり、いずれも重要な食材である。それぞれが、それらに深くかかわる文化的景観をつくりあげてもいる。

米・野菜にくわえて日本では、魚がタンパク源として和食の重要な食材の一つであったし、現在でもそうであり続けていることは言うまでもない。

一般的に食卓へ上る魚を大別すると、鯉・鮎・鰻などの淡水魚と、鯛・鰤《ぶり》・鯖など多くの種類の海水魚となろう。さらに鮭・鱒のように川でも海でも漁獲されるものもある。

また、鰤は鱸《すずき》とともに出世魚と称され、成長に伴って呼び名が変わる。関東では「ワカシ、イナダ、ワラサ、ブリ」と変わり、関西では「ツバス、ハマチ、メジロ、ブリ」だという。

富山湾では「ツバイソ、コズクラ、フクラギ、ガンド、ブリ」と五段階である。ハマチとフクラギが対応し、富山県内のスーパーマーケットなどでは、ハマチとフクラギが同じ店内で並べられていることもある。ハマチが瀬戸内海等から来たもの（地元で「旅の魚」）、フクラギが富山湾でとれたもの（地物）である。

ところで現在では、マダイ・ハマチ・ヒラメなど、食材として評価の高い海水魚には、天然物もあるが、養殖が多い。しかも養殖技術が向上している。ブリにも養殖が増えているし、特に近年では、回遊魚のマグロについて、産卵・ふ化から、成魚まで育てる完全養殖に成功していることが特筆される。

先に紹介したハマチとフクラギが同じ店内で売られている場合は、旅の魚、地物という区別だけではなく、ハマチが養殖もの、フクラギが天然物、といった意も込められている。購買客もそれを承知しているのが普通である。

淡水魚でも養殖が盛んであり、コイは早くから完全養殖である。また、市場に出回るウナギもほとんど養殖である。五〜六センチほどのシラスウナギを捕獲して育てるのであるが、現在では稚魚の減少が著しい。かつて琵琶湖の天然ウナギを食べたことがあるが、皮が硬くて脂が多く、むしろ食べなれた養殖物が良いと思ったことがある。

アユ・イワナなどの養殖も多い。イワナの養殖には渓流の水が使用されることが多い。アユの場合は、琵琶湖の魞《えり》や琵琶湖への流入河川の簗《やな》で稚鮎を捕獲し、養殖に回す場合もあれば、全国の多くの川に放流する場合も多い。

アユはそれぞれの川の川底の石についた藻によって成長するので、川によって大きさや味が大きく異なる。友釣りと称する、鮎独特の釣りを楽しむ人も多い。いろいろな地域で、それぞれの味が楽しまれる。

さて、養殖にはいろいろな様式があるが、需要の多い魚を効率的に養殖するという意味で、野菜栽培と魚類養殖は類似の経過をたどっているとみられる。現実に養殖業を、栽培漁業と呼ぶこともある。ただしこの語は、ふ化させた稚魚を育て、一定の段階で海に放流して成長させる方法に限定して用いる場合が多い。

養殖魚の中でも代表的なのはハマチであろう。香川県旧引田村（東かがわ市引田）在住の野網和三郎がハマチの餌付けに成功したのが契機であったという。その年、昭和三年（一九二八）が、海水魚類養殖の日本最初の例であったとされる。播磨灘に臨む海水池である安戸池の水門を、網で仕切って養殖が行われたのである。

その後、入江を堤で仕切ったり、湾内に支柱を立てて金網で囲ったり、といった方法が行われた。しかし、これらには多額の建設費を要し、やがて簡便で建設費が安い、小割生《いけ》簀《す》式の養殖技術が開発された。昭和三〇年代からそれが普及し、養殖業の経営体が急増した。

その後、大規模な赤潮発生による被害、全国的な生産過剰による価格の暴落、輸入水産物との競合、増加した産地間での競争の激化などがあって、生産高の変動を余儀なくされた。

またこの過程で、カンパチ・マダイ・ヒラメ・トラフグ・スズキなど、魚種の多様化が進んだ。養殖は日本近海の各地で展開しているが、引田をはじめ、香川県では依然としてハマチ養殖が基幹である。

写真7―5は、現在の生簀式養殖の餌撒きの状況である。船につけた筒状の放射器から、餌を生簀の上空に噴射していることが知られる。

写真7―6も生簀式養殖であるが、餌やりを行っている舟の右側に見られる浮きに囲まれた生簀と同様に、円形に連なる浮きで縁取られた生簀が、写真の右前方に少なくとも三

写真７－５　ハマチ養殖の給餌（香川県）

写真７－６　ハマチ養殖の生簀群（香川県）

基点在する。このように海面に生簀が点在する状況を、ハマチ養殖の文化的景観といってよいであろう。

牡蠣養殖の筏群

貝類にも養殖されているものがある。カキ、ホタテ貝、真珠貝（食用ではないが）などが有名である。カキは広島県の生産量が最も多い。

カキの養殖は次のような手順で行われている。

カキは夏に産卵してふ化し、幼生《ようせい》が二週間ほど海を漂って岩などに付着する生態がある。そこで七〜九月、ホタテ貝の貝殻を連ねて海中に入れ、カキの幼生を付着させる（採苗）。一ヵ月ほどすると、採苗した幼生の「採苗連」を浅瀬に移動させる。写真7—7のように干潮の際には空中に出ることになる。海水に浸かっているのは満潮の間だけであり、水中にある時間が短くなる。このようにして環境変化への抵抗力をつけて（抑制）、丈夫なカキを育てる。この時期に弱いものは淘汰される。

抑制が終わるとカキが付いているホタテの貝殻を外し、新しい針金に移す。四〇個ほどが連ねられたこの「垂下連《すいかれん》」を、沖合の「養殖筏《いかだ》」につるす（筏養殖）。一つの筏には約

写真７－７　一年牡蠣の選別（広島県三津湾）

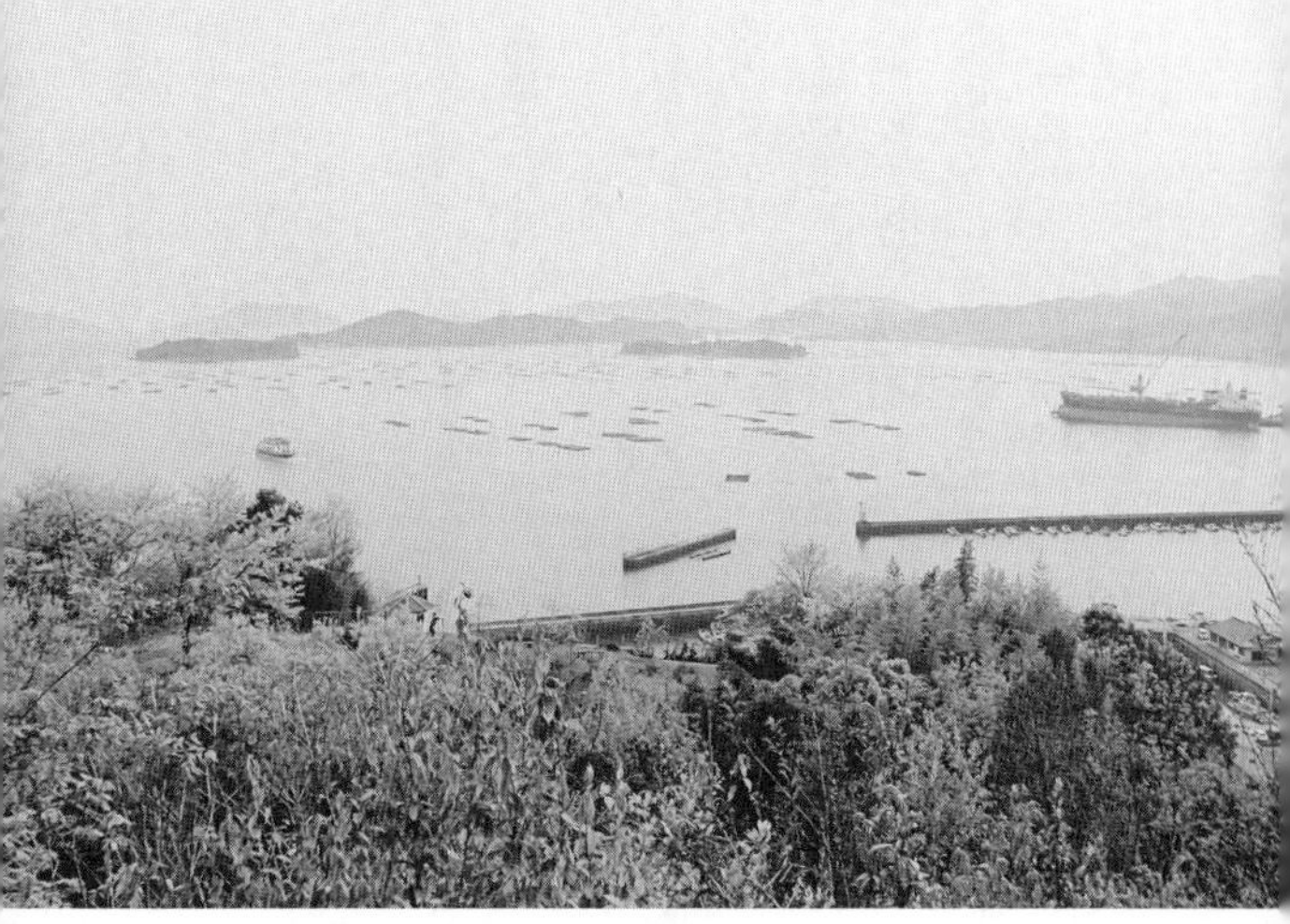

写真７－８　牡蠣養殖の筏群（広島県三津湾）

七〇〇本がつるされるという。

これから収穫までに一年ほどかかり、翌年一〇～一一月ごろ収穫が始まる。成長したカキの垂下連は重いので、近年では船に立てたクレーンや巻き上げ用のウィンチを使って引き上げられる（収穫）。

写真7―8は、広島県安芸津町三津湾に浮かぶカキの筏である。写真7―7のような抑制棚は、この写真では見えない入江の奥に設置される。

収穫されたカキは、まず殻のままで水洗い（殻洗浄）され、そのうえできれいな海水プールに浸けた（浄化）後に、殻を外され（むき身）、さらに滅菌海水などで洗って（洗浄）、低温で保存し、包装して出荷する。大変手間のかかる作業工程である。

養殖筏は、海水の変化など、状況に応じて移動させられる。広島県では特に、生食用カキの採取区分として「指定海域、条件付指定海域、指定外海域」が定められており、条件付指定海域は広島湾（瀬野川河口付近は指定外海域）、呉湾などであり、三津湾は指定海域であるが、状況に応じて移動の必要が生じる場合があるという。

生食用カキの生産は、広島県より宮城県が多い。呼称は異なるが、養殖の過程はほぼ同じである。

生ガキはおいしいが、私はずいぶん以前から医者に禁じられていた。オーストラリアで、ビールと肉の食事が多すぎたのかもしれない。最初、アデレードで痛風を発症して往診に来てもらったとき、痛風の英単語すら知らなかった。足を触ってすぐ薬を処方してくれたので、ホテルに頼んで、処方箋を持って薬を買ってきてもらった。そのとき医者に、貝類・牛肉に加え、ビール・赤ワインまで飲食を禁止されたのである。

伝統ある（?）病気のようで対症の薬はよくできていて、一週間ほどでいったん回復した。安心して薬の服用をやめたら、数週間後に再発した。

その後二〇年以上も薬を手放すことができなかった。生ガキは富山湾の天然物を年一回だけ、痛風を発症するかしないか、勝負をかけて挑戦することにしていた。

痛風発症の後日談であるが、ケンブリッジのペンブローク・カレッジに小ピット（英国元首相）の銅像がある。足にサンダルを履いた、古代ローマ風の服装であり、英国の気候にも、また時代にもふさわしくない。

調べてみたら小ピットは、「痛風戦争」と呼ばれる戦争時の首相であった。非戦派の小ピットが、ある日の痛風発症で閣議に出席できず、他の大臣たちによって開戦決定がなされたという。

痛風もちの小ピットの銅像を造る際、靴を履かせるわけにいかずサンダルにしたところ、今度は背広と合わないので古代ローマ風の衣装にしたと思われる。銅像デザイン決定過程に対する私の想像である。

浅海に立てられた海苔篊群

私は毎日のように焼きノリか味付けノリを食べる。朝ご飯にはノリという単純な習慣であるが、捨てたものではない。時にカウンターで、生ノリを二杯酢でいただくときもある。魚ほどには産地を気にしていないが、佐賀県が国内生産量の四分の一ほども占めているというから、その比率程度には有名な有明産のノリを食べているのであろう。

有明海は全体の平均でも、水深が二〇メートルほどの浅い海であり、また潮汐の干満差が最大六メートルほどもある。特に有明海北部の佐賀県側は浅海が続き、干拓地が広がっている。干潮には干潟が広がり、ムツゴロウが動き回る様子が、時折テレビ画面でも見られる。

そこに口絵4ページのように、一面に海苔篊《のりひび》が立てられている。海水面上ではあるが、カキ筏と異なって一定間隔で篊（棒）が立てられ、秋には網が広げられている景観である。

そこに広げられている網にノリが付着して成長するのだという。これがノリ養殖の文化的景観である。

春、ノリのタネ（果胞子）をカキ殻に付着させると、三ヵ月ほどで、カキ殻を覆って黒くなるほどに成長する。

九〜一〇月にかけて、糸状の殻胞子《かくほうし》が放出されると、それを網に着ける（採苗）作業が始まる。この採苗の方法には、陸上と海上の二様がある。

陸上で網に着ける場合は、大きな水槽で網を回し、網に広く殻胞子を行き渡らせる。それを海水温が適度に下がるまで冷蔵庫で保存する。

海中で着ける場合は、まず殻胞子が付いたカキ殻のまま、乾燥しないように保存する。海水温が適度に下がった時に、海中に網をたくさん重ねて広げ、その下にビニール袋に入れたカキ殻をつるし、網全体に付着させるのである。

いずれの場合も最終的に、ノリ種の付いた網を一枚ずつ広げてノリを成長させる。一ヵ月ほどして、ノリ芽が一五〜二〇センチになれば収穫できることになる。一一月中旬頃が収穫開始であり、今では機械による作業である。

収穫されたノリは、一枚分の量に分けて機械乾燥される。全形のままで乾ノリとして出荷されるものも、さらに加工されるものもある。

このようにしておいしいノリができるが、有明海では最近、大きな問題が発生した。有明海西北部の諫早湾が干拓されて農地の造成がおこなわれ、平成一九年（二〇〇七）に完工したのである。その過程で潮受け堤防が閉じられ、有明海のノリが不作となったり、色落ちが発生したりした。その原因が水門の閉鎖によるとの訴訟問題となり、平成二二年（二〇一〇）の裁判結果を受けて、いったん水門閉鎖を解除した。しかしこの問題は上告中であり、まだ係争中で決着がついていない。

私としても、おいしいノリができなくなることは大変困ることである。

八、ブドウ園とワイナリーの文化的景観

——山梨の日本ワイン、オーストラリア・イタリアの新旧ワイン産地

ブドウ園とブドウ酒蔵の文化的景観

山梨県はよく知られているように、日本で一番ブドウの生産量が多い。JR勝沼駅はいつのころからか「勝沼ぶどう郷」駅となっている。丘陵上の駅から見渡すと一面のブドウ棚が見られる。夏ともなれば、茂ったブドウの葉が気持ちの良い木陰をつくり、袋をかけられたブドウの房がたわわにつり下がることになる。ブドウ狩りなどを楽しむ観光ブドウ園も多い。

ところで、この勝沼ぶどう郷駅西南方の旧甲州街道沿いに、次のような句碑（甲州市勝沼、雀宮神社境内）がある。

「勝沼や馬士は葡萄をくひながら」と、いかにも勝沼らしい句ではある。芭蕉作という。

写真８－１　山梨県のワイナリー

しかし作者については異論もあり、松木蓮之作との説もある。ここで真偽を議論することはしないが、日川の谷口に近い、ブドウ棚の多い場所である。

山梨県のブドウには、粒が大きく房も大きい巨峰やピオーネをはじめ、日本で最も古い品種とされる「甲州」もあり、種類は多い。いずれも基本的に生食用であるが、醸造用もあり、勝沼には三〇以上のワイナリーがある。かつて中央本線勝沼駅が設置された際にも、ワイン出荷という目的が推進力となったとされる。

明治一〇年の山梨県立葡萄酒醸造所の完成が、今日のワイナリー地帯への発展の一つの転機であったという。今でも山梨県には〇〇葡萄酒という会社名のワイナリーが多い。日本酒のような○○醸造という名前も珍しくない。例えば写真8―1は、いかにも日本酒の酒蔵のようなたたずまいであり、社名であるが、れっきとしたワイナリーである。

この辺りの葡萄酒は、かつては日本酒と同じ一升瓶入りであった。伝統的な和食にも合わせて飲まれたという。

最近では標準的なワインスタイルの瓶が多くなったが、地元産のブドウを使った伝統的なワインも製造されつづけている。とりわけ「甲州」種のブドウを使った白ワインは、ヨーロッパのいくつかのワイン・コンテストで入賞するなど、品質を著しく高めている。ただし写真8―2（上）のように、勝沼のブドウ栽培が一貫して採用してきたブドウ棚方式のブドウ畑であるのは、ヨーロッパの生垣状のブドウ畑と大きく異なる点である。ブドウ棚の景観は、写真（下）のように一枚一枚の畑ごとに一続きのように見える。

最近では日本でも、輸入ブドウのモルトを使用しない、自家栽培のブドウによるワイナリーが増えてきた。これを「日本ワイン」と命名し、醸造する場所も日本各地に広がっている。需要増に加えて、醸造技術が進んだことにもよるだろう。

昨年、久しぶりにケンブリッジを訪れた際に驚いたことがあった。友人に案内してもらったイングランド中央部東寄りのサフォーク州に、新しいワイナリーが出現していたので

写真８－２　(上)「甲州」種のブドウ棚　(下) ブドウ園の景観

ある。産業革命期にほとんど消滅してしまった、イングリッシュ・ワインが復活したことになる。まだ若いブドウ畑が広がっていたが、近くにフランスのワイナリーが土地を確保しているとの話もあり、一層驚いた。

ビールからワインへ

勝沼のワインのことに触れていると、どうしても私自身がたどったワイン好きへの道が思い出される。「和食の地理学」というタイトルにはふさわしくないかもしれないが、少し紹介させていただきたい。

私がまず思い出すのは、オーストラリアワインの話である。今では、どこの酒屋やスーパーマーケットでもオーストラリアワインのボトルが並び、それぞれの好みは別として、それを楽しむ人は珍しくない。

ところが初めてオーストラリア調査に出かけた一九八〇年、日本酒にはまだ甘口が多く、私はむしろ、若さに任せてビールをがぶ飲みするのが常であった。そのころは、シャンペンとかポートとかをもじった（味は全く異なる）、「シャンメリー」とか「赤玉ポートワイン」とかいうものがあった時代であった。先に紹介したメルボルン大学客員研究員時代、昼食のサンドイッチのビートルートと格闘した時期の何年か前のことであった。

オーストラリアでもまだ、甘口のワインが主流であった時代の名残の時期であった。一方、私がしばしば訪れた田舎のホテルの一階には、どこにも受付を兼ねたパブがあり、多くの人がビールを飲んでいた。オーストラリアのビールが、ラガー主体の日本のビールに近いこともあって、私も毎晩のように大皿料理を前にしてジョッキを傾けた。肉か魚とヴェジタブル（ゆで野菜）を大皿いっぱいにのせるメニューがそのころは普通であった。結局一〇年ほどかけて、私はオーストラリアのビールのほとんど全銘柄を楽しんだ。

当時、田舎のホテルに泊まることが多かったのは、調査目的がオーストラリアの開拓史と、それにかかわる都市と農地の土地計画の研究だったからである。その機会にワイナリーを訪れる場合もあり、また大学の先生方の家庭に招待されると、ディナーの飲物はワインであることが多く、ビール党だった私も次第にワインに親しむようになってきた。

結果的にそれ以来ワイナリーを訪ねることが増えて、オーストラリアに六〇〇〜七〇〇ほどもある商業ワイナリーのうち、一二〇以上を訪れることとなった。商業ワイナリーと表現したのは、ワイン（アルコール飲料全体が同様）の「販売免許」を取得しているワイナリーという意味である。オーストラリアは日本と免許制度が異なり、ワインやビールは自家用であれば誰がつくってもよく、販売の方が厳格な免許制である。

その延長のようだが、レストランでもまた、アルコールを提供する場合は別途免許が必要である。その免許がない場合、しばしばB.Y.O.（Bring Your Own Bottle）と、看板か入り口のドアなどに掲示がある。近くのボトルショップで酒を購入し、自分でボトルのままレストランへ持って行き（いわゆる持ち込み。裸瓶でなく、紙袋に入れていくのが礼儀）、テーブルに着いたらウェイターに酒を渡せばよい。コルクを抜いて、グラスとともに出してくれる（最近は持ち込み有料の店が多くなった）。

パブやホテルの営業免許には、この酒類の販売免許が含まれているから酒を売っても問題ない。ところが田舎の伝統的ホテルと異なって、個別駐車場やテレビなどの室内設備を整えた（多くは幹線道路沿いにある）新しいスタイルのモーテルの場合、モーテルの名称だけではアルコールを注文できるかどうかは客にわからない。そこで、アルコール販売免許があれば、「○○ホテルモーテル」という、日本では使われない名称を名乗ることになる。

オーストラリア東部のワイナリー地帯

オーストラリアでは、北部の熱帯・亜熱帯地帯を除けば、すでに述べたように各地に多くのワイナリーがあり、大小さまざまである。
例えばニューサウスウェールズ州ではハンター・バレー（バレーは日本でいう盆地に近い）が古くからのワイナリー地帯であり、シドニーから北へ一〇〇キロ余りなので、観光客も多い。一八二二年には早くも開拓・入植のための測量が開始された地域であり、一八五〇年代中ごろにはブドウ栽培が始まっていた。名門ワイナリーの一つ、リンデマンズが操業を開始したのもここであった。

ハンター・バレーを特徴づけるのは、白ワインではまずセミヨンであろう。ボルドーではソーヴィニョン・ブランに加えて（混醸して）飲まれることが多い。フレッシュな白としても飲まれるが、ここではオークの樽でなく、瓶で一〇年以上も寝かし、独特の香りに仕上げる。

赤ワインでは、オーストラリアを代表するのがシラーズとカベルネ・ソーヴィニョンであろう。

シラーズは後で述べるとして、カベルネ・ソーヴィニョンのとりわけ深い赤色と芳醇な香りが、オーストラリアワインの特徴である。

カベルネ・ソーヴィニョンは、メルローとともにボルドーの赤の基本となるブドウであるが、オーストラリアではほぼ単体で瓶詰めされる。ブレンド（正確には一緒に醸造する、混醸）しないか、しても極めて少なく、ウィスキーでいえばシングルモルトの状況である。

オーストラリアでは私がワイナリーに通い始めた当時から、八五パーセント以上使用したブドウの品種をボトルに表示することができた。今では北米や南米・南アフリカなどのワインでも（すべてではないが）品種を表示しているものが多い。ヨーロッパのワインでさえもラベルに記載している場合がある。オーストラリアはそのような品種表示の嚆矢であった。

ただし、違和感のある表示もある。「cab. sauv.（キャブ・ソブ）」である。初めてラベルを見たとき、これは何かと聞いてしまったが、ほぼ同時にカベルネ・ソーヴィニョンのことだろうと思った。しかし、品種名が長いからといって短縮すればよいというものでもないであろう。変に略すとおいしくなさそうになるので、略すのは B.Y.O. くらいにしておいてほしいところである。

さて、メルボルンの北東郊のヤラ・バレーやビクトリア州北東部一帯にも多くのワイナリーがある。いずれにも多様なワインがあるが、もっとも有名なのは北東部ミラワのブラウン・ブラザーズであろう。後で述べるとしたが、やはりシラーズが印象的であり、日本酒の説明用語である「切れが良い」というのが、私の思い浮かべた表現である。

このほか、ビクトリア州で特徴的なワイナリー地域は、メルボルン南東方のモーニントン半島にある四〇以上のワイナリーであり、やや冷涼地のワインである。規模はいずれも大きくないが、ブルゴーニュ起源のピノ・ノワールが特に際立っている。私が訪れたころには残念ながら、ブドウ畑の列がすべて、すっぽり白い網を被せられていて、美しいブドウ園の光景を十分に楽しめなかった。小鳥の群れがやってきてブドウをつつくのを防ぐためだという。

もう一つの特徴的な地域は、メルボルンの北西二〇〇キロほどのグレートウェスターンである。ケスタの山地と谷からなる国立公園グランピアンズに近い一帯である。ビクトリア州北東部と同様に、もともとこの地域もまた、ゴールドラッシュの人と富を追って成立したワイナリー地帯である。

この地域で特に目立つのは、一八六五年創業のワイナリーで、何度かの買収を経て現在に至るセッペルト・グレートウェスターンだ。二度目の経営者の時からスパークリング・ワインの醸造に力を注ぎ、今やオーストラリアで、もっとも著名かつ最大のスパークリング・ワインのワイナリーである。

バロッサとクーナワラ

オーストラリアについて私の最初の論文は、サウスオーストラリアの開拓と土地計画についてのものであった。それを研究書に再録しようと補訂していた時、面白い資料にぶつかった。

E・G・ウェイクフィールドという人物が結婚詐欺で訴えられ、ニューゲイト（ロンドン）の刑務所に収監されていた時に、自分の流刑地になるかもしれないと思ったオーストラリアについての報告書を読み、新聞に連載記事「シドニーからの手紙」（『モーニング・クロニクル』一八二九年、八～一〇月の一一回）を寄稿していたのである。

面白いことに、ウェイクフィールドへの訴訟が取り下げられた後に、記事をまとめて「新植民地入植案」としたものが基礎となり、一八三四年に英国政府の政策となったのである。これが、サウスオーストラリアの開拓政策の柱であった。この内容をすでに紹介したことがある（『オーストラリア歴史地理』地人書房、一九八五年）のでこれ以上触れないが、この政策の結果、サウスオーストラリアでは八〇エーカー（約三二ヘクタール）が初期の入植単位となり、開拓が進んだ。

降水量が少ない内陸部では次第に基本面積が大きくなったが、いずれにしても干ばつの危険を回避できず、さらに、羊毛・小麦の国際貿易が中心となると、多くの場合八〇エーカーでは経営が続かなくなり、離農して家を放棄した農家も多く、一方でこれを吸収して農地を拡大する農家もあった。

私がこの地域を初めて訪れたとき、農牧地のところどころに、廃屋のレンガ部分などが残存する状況が見られたのはその結果であった。

バロッサ・バレーは、このような初期の入植地の北東部にあった。緩やかなバロッサ山系のノース・パラ川流域の平地である。一八四〇年代にはここにドイツ系の移民が入り、旧ドイツ領の出身地名から「新シレジア」と呼ばれたこともあった。

もともとはドイツ系のワインが多かったが、一九五〇年にボルドーの技術を導入し、画期的な展開をたどることとなった。これを主導したのがペンフォールズであり、現在もオーストラリアを代表するワイナリー（現在はサウスコープ・グループの中核）である。ブドウの育て方もフランスと類似する。写真8―3のように幹を畝方向の両側へ伸ばし、それぞれに芽を三～四個残す剪定を行う。

バロッサの赤ワインは定評があるが、中でもシラーズは、ここで独立したワイン銘柄と

写真８－３　オーストラリアのブドウ園

なったといってよい。フランスでは、基本的にブレンド用の品種、「シラー」である（現在では、シラー表示のボトルもある）。タンニンの程よい刺激があるシラーズは、オーストラリアで広く好まれるバーベキューに不可欠であり、オーストラリアを代表するワインである。

バロッサのワイナリーは極めて多様である。特にシラーズはおいしいものが多い。個人的好みでいうと、年によって違いはあるものの、やはりペンフォールズのシラーズ単品種ものと、ブレンドの「グレーンジ」が懐かしい。いずれもバロッサの極上品である。

州首都アデレード付近には、ワイナリー地帯が多い。バロッサ・バレーを始め、その東隣にイーデン・バレーがあり、アデレードの北にはクレア・バレーがある。南にはさらにアデレード・ヒルズがあってそれぞれワイナリーが多い。

アデレード・ヒルズのさらに南方、アデレードから東南へ約四〇〇キロのところがクーナワラである。ビクトリア州との州境に近い、南北わずか二〇キロほどの細長いテラロッサ（赤土）の上に、ひしめくようにブドウ園が集中している。メルボルンからも直線距離で西へ四〇〇キロほどであろう。平坦な土地であり、観光案内書でさえ、「たぶん最も魅力的でない」と表現するほど、いくつものワイナリーといくつかのホテル以外に観光地となるものはない（初期からの集落はあるが）。

一八六一年、ここに土地を購入したJ・リドックは、ワイン醸造を企画し、土地を分割販売してブドウ栽培を勧めた。入植農家で生産されたブドウを購入して初期の入植者を支えたが、せいぜいブランデーの原料となる程度の品質でしかなかった。クーナワラが今日のような著名なワイナリー地帯となる転機は、一九五一年にS・ウィンズが旧J・リドックのワイナリーを買収してからであった。

ウィンズは現ポーランドの生まれでメルボルンに移民し、ワインの卸問屋を経営して、しばしば買い入れのためサウスオーストラリアを訪れていた。ウィンズのワイナリーは、今ではクーナワラ最大となり（サウスコープ傘下）、リンデマンズもハンター・バリーからここへ参入している。

マーガレット・リバー地域

オーストラリアでは、ウェスターンオーストラリアのマーガレット・リバーが白ワインの生産地として有名であるが、ワイナリー地帯としては、クーナワラよりもさらに新しい。マーガレット・リバー地域は、州都パースの南、二〇〇～三〇〇キロほどの距離にある、インド洋沿岸の丘陵地帯である。一九五五年に州政府が地域調査を開始し、その一〇年後にさらに詳細な調査が実施されて以降、ワイナリーが急増した。

私が初めて、地域調査のプロジェクトの一員としてこの地域を訪れたのは、一九八七年であった。この年、ルーウィン・エステートが新しく開設したレストランのオープニングの際に、ロンドン交響楽団を呼んで演奏を披露したことが評判となったことも、新聞で読んだ。カレン・ワインズが、世界のワイナリー年間第一位を決めるワインメーカー・オブ・ザ・イヤーに選ばれた二年前であった。マーガレット・リバーがワイン産地として強く認識され始めたのも、このころである。

カレン・ワインズは、こだわりのある小さなブティック・ワイナリーである。受賞ワインはソーヴィニョン・ブランであった。いろいろな収穫時期に摘まれるさまざまな味と香りを生かした独特のものだったという。なお、ソーヴィニョン・ブランはボルドー由来であるが、ルーウィンの主力は、ブルゴーニュ由来のシャルドネであった。ルーウィンの薫り高いシャルドネもまた、不動の高い評価を得ている。

マーガレット・リバー地域は、花崗岩・片麻岩が風化したラテライト性の土壌と、南半球ではあるが西海岸に吹く偏西風があり、これがワイン造りの好条件となっているものであろう。オーストラリア全体としても、今やシャルドネが台頭し、伝統的な白ワイン王者の地位をリースリングから奪ってしまっている。

マーガレット・リバーは白ワインに好適なだけではない。赤ワインにもいろいろ良いものがある。

北のカレン・ワインズと南のルーウィン・エステートの中間にあたるナックルギャップに、販売免許もない山荘を兼ねたような小さなワイナリーがあり（写真8―4）、こだわりのブドウ栽培と醸造をしている。カベルネ・ソーヴィニョンとメルローしか育てていないが、当たり外れは避けられないものの、たいていは悪くない仕上がりとなる。

ここで生産されるボトルには、キンダガーデンという私のラベルが張られるものがある

写真8－4　マーガレット・リバーのワイナリー

写真8－5　「キンダガーデン」のワイン

（写真8―5）。普通はカベルネ・ソーヴィニョンとメルローのブレンドであるが、年によってはそのどちらかだけという場合もある。英国系のジョークにはスペルをいじくるものがあり、私の友人たちには、ボトルのラベルを見ただけで噴き出したり、ニンマリとしたりするネーミングであるらしい。

イタリアのワイナリーとオリーブ園

オーストラリアの醸造用ブドウは、ドイツ起源のリースリング、カリフォルニア経由のジンファンデルなどを除けば、ほぼフランス系である。いずれにしろ外来の品種で占められている。

一方イタリアでは、もともとブドウに適した自然環境であるため、それぞれの地域の土着のブドウが多く、それから醸造されるワインも多様である。

例えば、イタリア半島南端のプーリア州では、ほとんどの赤ワインがプリミティーヴォかネグロ・アマーロである。プリミティーヴォは、カリフォルニアのジンファンデルと同じ種類だという。

プーリア州のプリミティーヴォの方は、対岸のクロアチアから、アドリア海を経てもたらされたという。いずれも地中海の沿岸であり、ブドウ栽培に適している。それほど各地特有のブドウが多いのであろう。ジンファンデルもまた、直接もたらされたのか、イタリアを経由したのかはわからないがクロアチア原産である。なお、ネグロ・アマーロはプーリア州の土着ブドウである。

どちらもおいしいが、イタリア（特にプーリア）ではパーティが遅く始まって、平気で深夜に及ぶのは困りものである。和食が有名な日本から来たというので気を使ってくれたのか、講演に呼ばれた学会が終わってから連れて行ってもらったバールでは、「おひたし」のような料理を含めて、葉野菜が非常に多く、またおいしかった。

プーリア州で最も見事だったのはむしろ、延々と続くオリーブ畑である。先に三社柿の柿園を紹介したときに連想したのは、プーリア州のオリーブ畑であった（写真8―6）。オリーブオイルの味の違いがよくわからない私には驚きだったが、オリーブにもソムリエの資格が設けられているという話を、プーリア州で初めて聞いた。

アドリア海沿岸には、ローマ時代の要塞・のろし台が点々と残っている。レッチェの近くでその一つ、ヴェッキア・トーレの名を付した、比較的大きなワイナリーを訪ねたことがある。レセプションのすぐ近くに、背後にボトルを並べた、テイスティングのカウンタ

写真８－６　プーリア州のオリーブ園

ーがあるところはオーストラリアと同様である。

驚いたのは入り口近くの広い通路の両側に、銭湯の浴場のように、壁際に蛇口が並んでいたことである。客がそこへ、灯油のポリタンクのような容器を持ってきて、蛇口からワインを注いでいたのである。代金は量りにかけて支払う形であった。客は、当たり前のように、車のトランクへ積み込んでいた。

オーストラリアでも二～三リットル入りのカスクワイン（アルミ＋紙またはプラスチックの箱入りワイン）が売られているのは一般的であるし、車の給油スタンドのような販売方法を見たことはある。しかし、銭湯のような販売設備を見たのは初めてであった。

ローマのバール

ローマでも、おいしい日々を過ごしたことがある。

バチカンに収蔵されている日本資料を整理してデジタル化し、公開するプロジェクトを開始するにあたり、研究協定書というよりも外交文書のような協定書に署名するために訪れた時であった。

バチカンでの日本資料の保存状況や調査手続きの確認は、同行の専門研究者に手際よく進めてもらった。私にとって興味深かったのは、図書館に掲げられた一枚のフレスコ画であった。書籍が和綴じの書物のように平積みされている様子が描かれている絵であった。聞くと現在のように装丁して、書架に立てるようになる前は、このように平積みしていたという。江戸時代の木版の和書と同じである。

さて、署名の相手方は枢機卿のトップであったが、昼頃には見学も含めて目的は終了し、バチカンのすぐ横のレストランでご馳走になった。ワイン好きの枢機卿とご一緒に、当たり前のように昼からグラスを重ね、当日は早々と業務終了となった。だがその際は、どんなワインを飲んでいたのか自分でも確認できずに終わった。

よく記憶しているのは、イタリア人の教授に案内していただいた、サンタンジェロ城からも遠くないバールであった。その折の説明では、ローマのバールの草分けであるという。バール自体は、ローマに多いかたちであり、幅が広くない、奥行きの非常に深い店であった。表の街路わきにテーブルが並べられている点も、横に並ぶほかの店と同様である。驚いたのは、高い天井の店内両側の壁に、天井まで何段にもボトルが立て並べられていたのである。長い梯子か、高い脚立でも持ってこなければ、とても取れない高さである。もちろんラベルなどを読めるような距離ではない。それにしても天井までのボトルの壁であり、壮観であった。

その後さらに驚いた。店員が四～五メートルほどもある棒を持って現れ、先についた金属（?）の輪に目的のボトルを引っかけて下ろしたのである。聞くとその店員は、驚くほどの数のボトルの位置を正確に記憶しているとのことであった。まさしく余人に代えがたいプロフェッショナルと言わざるを得ない。

ボトルの中身に戻りたい。その時楽しんだのは、教授お勧めのネロ・ダーヴォラの逸品であった。シチリアを代表する土着のブドウであり、コクのある果実味が豊かで、タンニンもほどよい。

かつて東京のイタリア文化会館でもネロ・ダーヴォラを飲んだことがあったが、それよりはるかに勝る味であった。ただイタリア文化会館で食べた、大きなタイヤのようなパルミジャーノ・レッジャーノをくり抜いたかけらの数々は、素晴らしくおいしかった。今や日本のどこでも手に入るパルマ名産のチーズ、パルミジャーノ・レッジャーノである。当地では銀行に専用庫が付設されて、担保として預かったパルミジャーノ・レッジャーノを熟成するという。パルマには行ったことがないのだが。

キャンティとブルネッロ

紹介の順番が逆になってしまった。私がまず好きになったイタリアワインは、黒い鶏印のキャンティ・クラシコであった。サンジョヴェーゼ主体のワインであり、トスカーナ州を代表するワインである。

ところが、丸い薦《こも》かぶりのような瓶に代表される、キャンティというワインもあって紛らわしい。厳密に表現するのは難しいが、いずれもフィレンツェとシエナの間に広がるキャンティ地方のワインである。簡単に言えば、同じ地域における、違う農協のそれぞれのブランドみたいなものだと説明することにしている。

白ワイン用品種も含めて混醸するので、キャンティの味はさまざまである。これより値段の高いキャンティ・クラシコの方はサンジョヴェーゼらしいコクがあるという表現では、味を説明したことにならないであろうか。色もキャンティの方が淡い。もちろんワイナリーによって大きく異なる。

どちらもDOCG（イタリア特有の統制保証原産地呼称、産地呼称の中で最もグレードが高い）の認証をうけているが、キャンティとしてそれを得たのち、その中からキャンティ・クラシコが改めて自立したのであった。ほとんどサンジョヴェーゼで醸造し、樽で一年近く熟成させるという方法を堅持しているワイナリー群である。二年間熟成し、瓶に詰めて三ヵ月寝かせるとキャンティ・クラシコ・リゼルヴァになる。

オーストラリア調査を始めたころ（当時、飲む酒といえばビール一辺倒だった）、トスカーナの州都フィレンツェにも観光旅行で行ったことがある。しかしその時は、宮殿や町ばかりを見物して喉が渇き、どこかにうまいビールを手軽に飲ませるところがないか、などと思っていた時期であった。今から思うと、とんでもない話である。だが、いつのころから酒屋でも、「黒い鶏」を探すようになった。

ある時思い立って、ローマでの用務を終えた後、フィレンツェ経由でシエナに向かい、そこからバスに二時間ほど乗ってモンタルチーノ村へ行ってきた。イタリアの誇る銘酒ブルネッロ・ディ・モンタルチーノの里である。

城がある丘陵の中心集落は、人口三〇〇〇人ほどであり、地元産ワインを販売するエノ

写真８－７　モンタルチーノ村のエノテカ

テカが並んでいた（写真8—7）。もちろんレストランもいくつもあった。またホテルでは、運良く出入りのワイナリーを紹介してもらえた。

翌日、「ルビーの丘」というそのワイナリーと、ワイン生産の組合を訪ねた。中心集落を含めて全村五〇〇〇人余りの村（コムーネ）に、驚いたことに二二〇〇軒ほどものワイナリーないしブドウ栽培農家（組合員）があった。

「ルビーの丘」の醸造所とブドウ園を案内してもらって面白いことに気が付いた。風の通る方向を見極めながら、ブドウの畝の並びを決めるのはどこでも同様であるが、ブドウの木の仕立て方が違ったのである。オーストラリアでもフランスでも、ブドウの枝を畝の方向の両側へ伸ばし、そこに三～四本ほどずつ新芽を育てるように剪定するのが

写真8－8　イタリアのブドウ園（バローロ）

普通である。

ところがモンタルチーノでは、幹を曲がるように仕立てて、丘陵の傾斜に合わせて上の方に伸ばしていたのである。新芽を育てる数はほとんど変わらない。収穫量は、一本の木について一キロを目標とするという（写真8－8参照）。ブドウはサンジョヴェーゼ・グロッソと称するが、かつてはサンジョヴェーゼの突然変異による別種と考えられていた時期もあったと聞いた。

ブルネッロ・ディ・モンタルチーノは、DOCGの認定を最初に受けた銘柄という。五年間の熟成が必要であり、さらに六年でリゼルヴァとなる。若いブドウの木や短い熟成ものは、ロッソ・ディ・モンタルチーノという別の銘柄となる。それぞれに極めておいしい。

バローロの文化的景観

日本では、イタリア高級ワインというと、バローロの方が有名かもしれない。確かにやや黒みがかった淡い深紅の、透明なバローロを見ていると、明らかにサンジョヴェーゼとは異なる。バローロのワインはネッビオーロからつくられる。ネッビオーロは黒ブドウとも称される品種である。またしても日本酒の表現であるが、すっきりしたコクのある、腰の強い味といえようか。

確かにブルネッロとバローロと、どちらが好みかと聞かれても答えがたい。モンタルチーノ村から運んだブルネッロはとっくに胃袋に消えたが、バローロ村のワイナリーのエノテカで購入してきたボトルが、まだ一本か二本、床下に残っているはずである。

バローロ村への訪問は、イタリア北西部、ピエモンテの州都トリノから列車でアルバ駅に行き、そこからタクシーで、ブドウ園の丘陵地帯を眺めたり、写真を撮ったりしながら、三〇分ほどで村の広場に着いた。

世界文化遺産「ピエモンテの葡萄畑景観：ランゲ・ロエロ・モンフェッラート」の一地

区であるランゲの一角に、バローロ村が位置する。アルプス南端の麓から東へ続く丘陵地帯であり、写真8―9のようにブドウ園に囲まれた、人口数百人の小さな村である。手前の中心集落の瓦屋根群と、周辺のブドウ園の中に農家が点在する文化的景観は、世界文化遺産にふさわしい。特に、不均一な赤っぽい黄色の瓦の屋根の家々と、ブドウ園の緑からなるパッチワークがとりわけ目を引く。

興味深かったのはネッビオーロもまた、サンジョヴェーゼ・グロッソと同じく、二本に枝分かれさせていないことであった。写真8―8のように、一本仕立てで栽培しているのである。

中心集落には、塔をそびえたたせるバローロ城とも呼ばれる館があり、ワイン博物館となっている。いろいろなワイナリーのエノテカや、共同の大きなエノテカもあって、いろいろな味をテイスティングできる。特に、このボトルはどこの畑のブドウ、これはどこ、といった館員の説明は、すぐ理解できないまでも楽しい。

苦もなく歩き回れる大きさの集落なので、エノテカに寄りすぎると次第にアルコールが回り、また気に入ったボトルを購入するので、帰りの荷物が重くなる。

すっかり酔わないうちに、イタリアのワイナリー巡りを切り上げることとしたい。

写真８－９　バローロ村

九、文化的景観が意味するもの

――生活となりわいの物語

景観とはなにか

本書では、随所に文化的景観という表現を使用してきた。文化的景観についてはすでに一書を刊行したことがあるので（『文化的景観――生活となりわいの物語』日本経済新聞出版社、二〇一二年）、詳しくはそちらをご覧いただければ幸いである。ただ、本書と直接かかわる事柄について、最後に少し整理をしておきたい。

まず「景観」から始めたい。景観とは、山や川、平地や台地、谷や崖などといった地形をはじめ、各地に生育するいろいろな植物の様相である植生、さらに大小の都市の多様な建物群や農漁村の集落や施設、あるいは道や耕地・牧地などのさまざまな土地区画やその利用の状況、あるいはそれらが複合して存在する全体の状況を指して用いられている。

地形や植生については、これまで説明をしてこなかった。例えば、ミカン畑や茶畑が広がる傾斜地を紹介したが、それが地形の一部である。茶園の周りの山に森林や藪があれば、あるいは山裾に手入れがされていない竹林などがあれば、それらは植物の群落を意味する植生ととらえてもよい。なお、整然と植え育てられた水田の稲や、手入れされて畝のように刈り取られた茶園など、植栽され栽培されているものは、植物群ではあっても、通常は植生と表現しない。

このような個々の地形や植生のほか、都市・農漁村の建物群や施設・道路、あるいは水田・茶園などの耕地・農地などは、景観全体から見れば、それを構成する要素と位置付けられることとなる。

これら景観ないしその要素には、もともと自然に（自然の営力で）できたものもあれば、人間が手を加えて（人の営力によって）変化させたり、新たにつくったりしたものもある。人の営力、大きく言えば人類の活動に由来する影響が加わっていない、文字通り自然のままの景観が自然景観であり、人の営力が加わった景観が文化景観である。景観を大別すると、まずこの二種類となる。

人の営力が加わった景観を意味する文化景観の概念（カルチュラル・ランドスケープ（英

語)、クルトゥーアラントシャフト(ドイツ語))は、英語圏とドイツ語圏では包含する要素がやや異なっているが、基本的な考え方は共通する。日本ではドイツ語の概念がまず受け入れられたが、現在では英語の概念が広く使用されている。本書もこれに従っている。ただし英語では、例えばサウンドスケープなどという、聴覚による認識を取り入れようという動きもあるが、本書では視覚を中心としている。

本書で取り上げてきたのは、米をはじめとするいろいろな食材の栽培にかかわる水田や畑、ハマチをはじめとするさまざまな魚介・海藻の養殖にかかわる施設やその場所、さらにはそれらの食材の加工や販売の施設などである。これらはすべて、人の営力が加わった景観であり、文化景観である。

なお、人の営力が加わっていない自然景観(ナチュラル・ランドスケープ、ナトゥーアラントシャフト)については、本書ではほとんどふれていない。そこに、例えば食文化を形成する山菜などの食材がないわけではないが、量的には極めて少ない。

もう一つ確認しておきたいことがある。自然景観であれ文化景観であれ、景観ないし景観要素は、さまざまな自然や人の営力や、それにかかわる媒体の影響ないし要因によって、また時間の経過を経て変化を続けることである。

従って景観は、そのような変化の結果、あるいは時間の単位を大きく広げると、変化の途中経過の一断面であることになる。

日本の景観の特徴

人間の側から景観を眺めてみたい。文化景観とは、人間がその形成にかかわった景観のすべてを指すことになる。例えば、丹精込めて耕作されているみごとな農地はもとより、人々が生活する家々や都市・村落、あるいは作業場や工場群などのすべてが含まれる。極端な場合を想定すれば、ゴミ投棄によってできた廃棄物の山のような全く好ましくない対象も含まれる。これらのすべてが文化景観であることになる。

ところが二〇〇四年に公布された日本の景観法は、「第一章　総則」において、「良好な景観は、美しく風格のある国土の形成と潤いのある豊かな生活環境の創造に不可欠なものであることにかんがみ、国民共通の資産として、現在及び将来の国民がその恵沢を享受できるよう、その整備及び保全が図られなければならない」と規定している。

要するに「良好な景観」を、「国土の形成」と「生活環境の創造」に不可欠なもの、また「国民共通の資産」とも規定しているのである。景観法が言う「良好な景観」とは、自然景観を排除しているものではないが、明らかに人の営力を加えたものが中心であり、「良好な文化景観」と言い換えることが可能なほど、文化景観を強く意識しているものであろう。

その背景には、そもそも人間生活の歴史が長く、また人口密度の高い日本には、ユネスコの世界自然遺産に登録された、白神《しらかみ》山地や知床などといったごく一部の場所を除けば、自然景観と呼ぶことのできる対象はきわめて少ないことがあろう。

例えば、樹木の植生からなる森林でも、山奥や高山などの人が入らないところや、意図的に入山を禁止した神域などを別とすれば、原生林はきわめて少ない。ほとんどの場合、植林であるとか、人によって手入れされ、伐採されるなどの人工の加わった森林であり、従って厳密な意味では、自然景観ではなく文化景観である。

時に、田畑に栽培されている作物が広がる様子までを「自然景観」と表現しているような文章が見られることがあるが、本来の意味では、これは明らかに誤認ないし誤用である。むしろこれこそが、人の営力が加わった文化景観にほかならず、決して「自然景観」ではない。本書で取り上げた、食材の生産にかかわる景観もまた、典型的な文化景観である。景観法はむしろ、良好な景観を「国民共通の資産」と規定したことにこそ意義があろう。

景観法が対象としているのは、実質的にほとんどが文化景観であり、文化景観の価値を評価していることになる。

文化財としての文化的景観

ここで述べた「文化景観」の語の意味と、一方で広く使用されている「文化的景観」とは、いかなる違いがあるのかについてもふれておきたい。

景観法と相前後して改正された文化財保護法は、新たに文化財として「文化的景観」を加えた。ユネスコの世界遺産における採択基準の一つである文化的景観を、国内の文化財としても法的に規定したものである。

文化的景観の英語表現は先に紹介したカルチュラル・ランドスケープである。すでに述べたようにこの表現は、従来からの研究上の概念である文化景観と同様である。

文化財保護法によれば文化的景観とは、「地域における人々の生活又は生業及び当該地域の風土により形成された景観地で我が国民の生活又は生業の理解のため欠くことのできないもの」と規定されている。この規定の前段は文化景観の説明、後段の「我が国民の生活又は生業の理解のため欠くことのできないもの」が文化財としての必要事項である。

つまり文化景観のうち、文化財として認められるものが文化的景観であることになる。両者の対象範囲は、文化景観が広範であり、文化的景観がその一部であるといえる。両者を混同すると、文化財としての文化的景観の規定に、文化財としての条件を満たさない文化景観が広く含まれることとなり、文化財の取り扱いにも混乱が生じることになる。従ってこの使い分けには、一定の有効性が認められることになろう。

改正された文化財保護法の規定を、私なりに言い換えるとすれば、「文化的景観とは、文化景観のうち、特にその地域の環境に対応しつつ、歴史を通じて形づくられた文化財である」となろう。この説明は、国や自治体によって選定（文化的景観については、国宝や重要文化財のような「指定」でなく、「選定」）されている文化的景観に対してだけ適用されるものではなく、未選定の対象についても当てはまる本質的な説明である。つまり選定・未選定のいずれの文化的景観に対しても、共通することになる。

なお、国の選定にかかる文化的景観は、文化財保護法により、「重要文化的景観」と表現されるのに対して、自治体の選定による文化財としての文化景観は単に「文化的景観」と呼ばれる。

このような文化的景観を筆者は、次のように表現するのが適当であると考えている。

「地域の環境に適応しつつ展開してきた、地域の人々による『生活となりわいの物語』をかたる文化景観」。

この表現によれば、文化的景観は、「生活となりわいの物語」を語ることのできる文化景観でもあることになる。要するに「文化的景観＝文化財としての文化景観」であり、文化景観が人工的ないし人手の加わった景観のすべてであるのに対して、文化的景観はその中の「生活又は生業の理解」に有効であるものに限られることになる。

本書では、人間生活に直接かかわっている食材を対象としている。食材の生産と加工について述べることは、「生活又は生業の理解」を進めることにほかならない。本書ではその意味で、しばしば文化的景観の語を使用していることをご了解いただきたい。

おわりに

本書を書いていて改めて感じたことは、和食の食材の豊かさと、その生産にかかわる多様な文化的景観の展開である。しかも和食であるかどうかは別にして、食材には日々新しい要素が加わっている。

このような食材についての専門家が極めて多いことは言うまでもない。また多様なレシピ類のほか、食材となる植物・魚介類や、それらの栽培・養殖技術の専門書は数多く出版されている。

確かに、食材の専門家でもなく、その生産の専門家でもない私が、このような本を書くということに躊躇はあった。私の専門は歴史地理学である。過去から現在に至るまで、食が人間生活の基本であったことからすれば、歴史地理学も食材に関係がないわけではない。しかし、これだけが本書を著した主たる理由というわけではない。

ただ、私が生まれ育った家が農家であったこと、歴史地理学の研究者となってからも、食材生産の場である農村に大きな関心を持ってきたことは確かである。また、文化的景観にかかわる制度の立ち上げや調査・選定にもかかわってきた。調査や会議などで世界各地を訪ねることが多かった経験も、食材に関心を持ち続けた一因であろう。

しかし、もっと突き詰めれば、単に「食い意地、飲み意地」が張っているだけと言えるかもしれない。毎日食べ、かつ飲んでいるという意味では、誰でもが意見を述べることができるであろうし、私も一言を加える資格があるとさせていただきたい。それにしては、記述に嗜好が出すぎているとのご指摘を受けるかもしれない。例えば、梅干、サツマイモ、カボチャ、ビートルートが苦手だというのは個人的な事情であり、この点は、これらがお好きな方にお詫びを申し上げたい。

あるいはワインについても、勝手な選り好みであるというご感想があるかもしれない。自己弁護のために申し上げると、本書で取り上げた（私にとって馴染み深い）オーストラリアは新興の産地、イタリアは古くからの産地であり、ワインの多様な諸相をご紹介し、比較してみるのに適していたからである。それでもやはり、イタリアワインに好みのものが多いのであろうと指摘されるかもしれない。正直に言えばそのとおりであり、弁解の余地はない。

食材の膨大な種類と量からすれば、本書で取り上げることができたのはそのごく一部である。そして、本書が対象としたのは、なにより人々が各地で生産し、加工した食材である。自然から直接、採取したり捕獲したりして、そのまま食材としたものではない。その意味で天然の食材ではない。

人々が栽培したり、養殖したりして生産する、あるいは「干す、発酵させる、漬ける、成分を取り出す」などの加工を加える、といった生産過程にかかわる文化景観を眺めるのが本書の目的であった。できればその過程を、人々の生活や生業の歴史とどのようにかかわっているかを説明できる、文化的景観として紹介したいというのが本書の願望であった。

この願望を記述に盛り込むことができたかどうかは自信がないが、個人的経験を加えてみたのもその一環である。本書の意図をご理解いただくことができれば幸いである。

このような迂遠な内容を出版に導いていただいた平凡社と、編集担当としてご苦労いただいた蟹沢格氏に、末尾ながらお礼を申し上げたい。

二〇二〇年五月　新型コロナウイルス禍で閉籠りの自宅にて

金田章裕

参考文献

一、稲作と農村

金田章裕『条里と村落の歴史地理学研究』大明堂、一九八五年
恵那市教育委員会編『石積みの棚田（恵那市中野方町坂折地区水田現況調査報告書）』恵那市教育委員会、一九九九年
金田章裕『古代景観史の探究――宮都・国府・地割』吉川弘文館、二〇〇二年
金田章裕『古代国家の土地計画――条里プランを読み解く』吉川弘文館、二〇一八年
金田章裕編『21世紀の砺波平野と黒部川扇状地』桂書房、二〇一九年

二、寿司飯と調味料

安藤精一『近世都市史の研究』清文堂出版、一九八五年
日比野光敏『すしの事典』東京堂出版、二〇〇一年
今井誠一『味噌――色・味にブレを出さない技術と販売』農山漁村文化協会、二〇〇二年
林玲子・天野雅敏編『日本の味　醤油の歴史』吉川弘文館、二〇〇五年
伊藤汎監修『砂糖の文化誌――日本人と砂糖』八坂書房、二〇〇八年

三、茶とダシの文化的景観
林屋辰三郎・藤岡謙二郎編『宇治市史　3――近世の歴史と景観』宇治市、一九七六年
上田純一「京料理の文化史」上田純一編『京料理の文化史』思文閣出版、二〇一七年
京都府ほか編・刊『宇治茶の文化的景観――世界遺産暫定一覧表記載資産候補に係る提案書』二〇一七年
宮下章『鰹節――ものと人間の文化史97』法政大学出版局、二〇〇〇年
奥井隆『昆布と日本人』日本経済新聞出版社、二〇一二年
大場修編著・刊『宇治茶生産集落の家屋構成――京都府和束町湯船地区』二〇一五年

四、漬物と多様な発酵食品
福島好和「古代諸国貢納水産物の分布について――その歴史地理学的考察」『人文地理』二三―五、一九七一年
京都文化博物館学芸課編『京の食文化展――京料理・京野菜の歴史と魅力　身体にやさしい食のルーツ』京都文化博物館、二〇〇六年
熊倉功夫『日本料理の歴史』吉川弘文館、二〇〇七年
橋本道範編著『再考　ふなずしの歴史』サンライズ出版、二〇一六年

五、干し柿と干物
星名桂治『乾物の事典』東京堂出版、二〇一一年

小川武廣『乾しいたけ——千年の歴史をひもとく　森からの贈りもの』女子栄養大学出版部、二〇一二年
農林水産省『平成二八年産特産果樹生産動態等調査』二〇一九年

六、果物と堅果

熊代克巳・鈴木鐵男『新版　図集　果樹栽培の基礎知識』農山漁村文化協会、一九九四年
森浩一編『日本の食文化に歴史を読む——東海の食の特色を探る』中日出版社、二〇〇八年
農林水産省『平成二九年度　食料・農業・農村白書』二〇一八年
西予市教育委員会編刊『西予市文化的景観調査成果報告書』二〇一八年

七、いろいろな畑と養殖

金田章裕「大枝の自然環境」村井康彦編『京都・大枝の歴史と文化』思文閣出版、一九九一年
泉佐野市教育委員会編・刊『日根荘地域の文化的景観調査報告書』二〇〇八年
武内孝夫『こんにゃくの中の日本史』講談社現代新書、二〇〇六年
古田裕三「竹の歴史・伝統工芸から竹を科学する」京都学研究会編『京都を学ぶ——文化資源を発掘する「洛西編」』ナカニシヤ出版、二〇二〇年
水産庁『平成二五年度　水産白書（特集「養殖業の持続的発展」）』二〇一四年

八、ブドウ園とワイナリーの文化的景観

飯田文彌「甲州の果樹」、山梨県編『山梨県史　通史編3近世1』山梨日日新聞社、二〇〇六年
金田章裕『オーストラリア歴史地理――都市と農地の方格プラン』地人書房、一九八五年
中山正男「日本におけるワイン用原料ブドウ栽培」『日本醸造協会誌』八八―九、一九九三年
金田章裕「オーストラリアのワインとワイナリー」小山修三責任編集『世界の食文化7――オーストラリア・ニュージーランド』農山漁村文化協会、二〇〇四年

九、文化的景観が意味するもの

金田章裕『文化的景観――生活となりわいの物語』日本経済新聞出版社、二〇一二年
金田章裕「歴史的景観と文化的景観」『學士會会報』八九五、二〇一二年

【著者】
金田章裕（きんだ あきひろ）
1946年富山県生まれ。京都大学文学部史学科卒業。文学博士。専攻、歴史地理学、人文地理学。京都大学名誉教授、京都府立京都学・歴彩館館長。
著書に、『条里と村落の歴史地理学研究』（大明堂）、『古代日本の景観』『古代景観史の探究』『微地形と中世村落』（いずれも吉川弘文館）、『古地図からみた古代日本』（中公新書）、『大地へのまなざし』（思文閣出版）、『文化的景観』『地形と日本人』（いずれも日本経済新聞出版社）、『タウンシップ』（ナカニシヤ出版）、『古地図で見る京都』（平凡社）、『江戸・明治の古地図からみた町と村』（敬文舎）、『景観からよむ日本の歴史』（岩波新書）など多数。

平 凡 社 新 書 9 6 2

和食の地理学
あの美味を生むのはどんな土地なのか

発行日――2020年12月15日　初版第1刷

著者――金田章裕
発行者――下中美都
発行所――株式会社平凡社
東京都千代田区神田神保町3-29　〒101-0051
電話　東京（03）3230-6580［編集］
　　　東京（03）3230-6573［営業］
振替　00180-0-29639
印刷・製本―図書印刷株式会社
装幀――菊地信義

ISBN978-4-582-85962-1
NDC 分類番号383.81　新書判（17.2cm）　総ページ228
平凡社ホームページ　https://www.heibonsha.co.jp/